JN241265

今、行きたい!

日本の絶景大事典
1000

JAPAN

Amazing Spot
Dictionary

あけぼのの空
春の色の　霞になびく
富士のけぶりの
あまのはら

前大僧正慈円

『新古今和歌集』巻第一（三十三）

美し森からの朝日 >> P.188

日本絶景

「令和」の典拠となった『万葉集』は、さかのぼること1200年も前の奈良時代末期に、4500首以上もの和歌を収めた日本最古の和歌集。

平安時代には『古今和歌集』、鎌倉時代には『新古今和歌集』が編纂される。

春から冬へと移ろう季節や、朝日、夕日のドラマチックな風景に心震える感情は、古代から日本人の心に受け継がれている。

美しき日本の絶景を探しに行こう。

いなべ市農業公園 >> P.258

初春の令月にして
気淑く風和ぎ
梅は鏡前の粉を披き
蘭は珮後の香を薫らす

『万葉集』巻五「梅花の歌三十二首 并せて序」

大伴旅人

霞城公園（山形城跡）>> P.96

久方の光のどけき
春の日にしづ心なく
花の散るらむ

紀友則

『古今和歌集 巻二 八四』

高千穂峡 >> P.416

をしめども
とまらぬ春もあるものを
言はぬにきたる夏衣かな

素性法師

『新古今和歌集』巻三（一七六）

春過ぎて
夏来るらし
白栲の衣干したり
天の香具山

持統天皇

『万葉集』巻一（二十八）

ヨロン島の百合ヶ浜 >> P.430

秋元湖 >> P.73

満月と三重塔（京都・清水寺）

天の海に
雲の波立ち　月の舟
星の林に
漕ぎ隠る見ゆ

柿本人麻呂

『万葉集』巻七（一〇六八）

瑠璃光院 >> P.282

十月　時雨にあへる
黄葉の
吹かば散りなむ
風のまにまに

『万葉集』巻八（一五九〇）

大伴池主

15

あかねさす
日の暮れゆけば
すべをなみ
千たび嘆きて
恋ひつつぞ居る

作者不明

『万葉集』巻十二(二九〇一)

東後畑棚田 >> P.364

新しき
年の初めに豊の年
しるすとならし
雪の降れるは

葛井諸会
『万葉集』巻十七（三九二五）

横手の雪まつり >> P.70

山里は　冬ぞ寂しさ
まさりける
人目も草も
かれぬと思へば

源宗于朝臣

『古今和歌集』巻六（三一五）

今、行きたい！日本の絶景大事典1000
CONTENTS

21

本書のデータは2019年9月現在のものです。
🏛はユネスコの世界遺産に登録されていることを表しています。
掲載された情報は状況により変化することがありますので、お出かけの場合は最新情報をご確認ください。
基本的に見ることのできる風景を掲載しておりますが、写真についてはあくまでもイメージです。
同じ光景を見られるとは限りませんのでご注意ください。
また、修復や建て直し、自然災害などにより、見学できなくなることもあります。
本誌に掲載された内容による損害、及び個人的トラブルに関しましては、弊社では一切の責任を負いかねますので、予めご了承ください。

北海道

HOKKAIDO

道南 道東 道央 道北

北海道

ほっかいどう

エリア別ダイジェストガイド

北海道 ●ほっかいどう

日本国土の約2割を占める北の大地

日本の地方公共団体では唯一の「道」で、14の支庁（振興局）がある。太平洋、日本海、オホーツク海に囲まれ水産業、広大な土地を生かした大規模農業が盛ん。

DATA
- 道庁所在地：札幌市 ・市町村数：35市・129町・21村
- 面積：8万3423㎢
- 人口：約532万人

● 名所
知床に代表される自然景観、内陸部の田園景観、開拓時代の建造物、アイヌ文化に触れる施設、温泉地など幅広い。

● 名物・名品
ホッケの干物やイクラなど海産加工品、ジャガイモやトウモロコシなど季節の農産物、チーズやバターの乳製品など。

ジャガイモやトウモロコシは日本一の生産量で種類も多い

道北 ●どうほく

日本最北端の地とラベンダーの花畑

宗谷海峡に面する稚内市は最北の町。西の日本海には利尻・礼文が浮かぶ。南の内陸部には美瑛や富良野がある。

● 名所
北海道のてっぺん宗谷岬、利尻山がある利尻島、花畑や農業景観が美しい美瑛・富良野。

ファーム富田は中富良野町にある

● 名物・名品
農作物以外に富良野のラベンダーグッズやラベンダーの切り花、乳製品、ジャムなど。

香りのいいラベンダー

道央 ●どうおう

都市と自然の両方が楽しめる

政令指定都市の札幌を中心とした経済や観光の要所。北海道の玄関口、新千歳空港やフェリーターミナルなどがある。

● 名所
札幌都市部には大通公園や藻岩山、近郊には小樽や積丹半島、登別温泉や洞爺湖などのスポットが点在。

羊ヶ丘展望台のクラーク像

● 名物・名品
北海道スイーツといえば札幌。有名な菓子メーカーが集まり、人気商品が目白押し。

北海道スイーツの定番「白い恋人」

道東 ●どうとう

北海道の大自然を体感できるフィールド

北海道東部の広大な地域を指し、北はオホーツク海、南は太平洋、内陸部には釧路湿原や十勝平野が広がる。

● 名所
世界遺産の知床や、日本最大の釧路湿原、阿寒湖、摩周湖といった雄大な自然景観が魅力。

知床五湖では知床連山を眺めながら散策できる

● 名物・名品
十勝はお菓子の名産地。海産物も豊富。アイヌ民族の伝統的な木彫りも道東に多い。

阿寒湖アイヌコタンの人気みやげ

道南 ●どうなん

北海道のくびれで歴史とグルメを満喫

津軽海峡を挟んで本州と向き合う道南。中心の函館は札幌、旭川に次ぐ第3の都市で、夜景と歴史の舞台で知られる。

● 名所
函館山からの夜景や、歴史ある教会が立つ函館西部地区、赤レンガ倉庫群、大沼公園など。

函館山からの海に挟まれた夜景

● 名物・名品
函館と言えばイカが有名。活イカを刺身で食べられる。老舗の菓子や地ビールまで幅広い。

大沼公園の名物、沼の家の「大沼だんご」

北海道エリア絶景リスト

［全65カ所］

INDEX
001-065

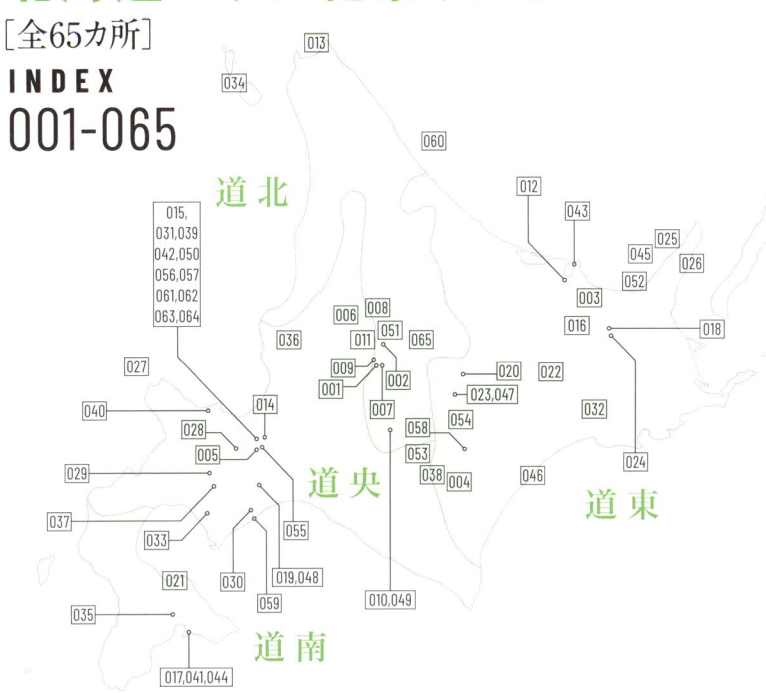

道北

015,
031,039
042,050
056,057
061,062
063,064

道央

道南

道東

花
Flower

001
ファームとみた
ファーム富田
北海道 中富良野町

もとは香料用のラベンダーを栽培していたが、その景観が話題となり、富良野にラベンダーブームを巻き起こした農園。現在は12の花畑からなり、100種類以上の花を栽培している。有名な「彩りの畑」はラベンダー、カスミソウ、ポピー、コマチソウなどが作る虹色のストライプが、背景の山や田園風景と相まって絶景。北海道を代表する風景になっている。見頃は7月中旬〜下旬にかけて。きっかけとなった最初のラベンダー畑「トラディショナルラベンダー畑」では、紫色の絨毯を広げたような景色を楽しめる。ラベンダーは3種類あり、見頃は7月上旬〜中旬。その他のガーデンにも春から秋までさまざまな花が咲く。園内にはショップやカフェが点在し、ラベンダースイーツやオリジナルのラベンダーグッズの購入もできる。

花が虹色に咲く
スケールの大きな
北のガーデン

003
ひがしもことしばざくらこうえん
ひがしもこと芝桜公園

北海道　大空町

山の斜面にある約10万㎡の敷地
が、5月上旬～6月上旬にかけてシ
バザクラの絨毯で覆われる。

004
ろっかのもり
六花の森

北海道　中札内村

菓子メーカー六花亭のガーデン。
包装紙に描かれているオオバナ
ノエンレイソウやハマナシなど
十勝六花が咲く。

北海道

002 四季彩の丘
しきさいのおか

北海道　美瑛町

美瑛の丘を巡るパノラマロードにある。15万㎡もの面積を誇る展望花畑。春のチューリップやパンジーなどから始まり、初夏になるとラベンダーやオリエンタルポピー、ルピナスが咲き誇る。7月下旬～8月下旬の最盛期は、波打つ丘全体が虹のようなストライプに。広い園内はトラクターバスやバギーで巡ることも。アルパカ牧場を併設している。

005 国営滝野すずらん丘陵公園
こくえいたきのすずらんきゅうりょうこうえん

北海道　札幌市

園内は4つのゾーンに分かれ、花畑、渓流、森、滝があり自然豊か。季節ごとに花が咲くが、特にスズラン、チューリップ、コスモスは見応えがある。

006

北竜町ひまわりの里
ほくりゅうちょうひまわりのさと

北海道　北竜町

約23haの大地を約150万本ものヒマワリが黄
色く染める、全国屈指のヒマワリ畑。東向き
の斜面に広がり、太陽に向かうヒマワリを正
面から見られるのが魅力。「ひまわりまつり」は
7月下旬～8月下旬の開催で、ベストシーズン
は8月上旬。展望台からどこまでも続くヒマ
ワリ畑の光景を眺められる。背丈より高いヒ
マワリのなかに設けられた巨大迷路も登場。

北海道

007 ラベンダーイースト

北海道　上富良野町

「ファーム富田」から4kmのところにある、香料用のラベンダー畑で日本最大級。オープンは7月のみで、展望台から一望できる。トラクターバスも運行。

008 上野ファーム
うえのファーム

北海道　旭川市

上野さん一家が手がけるガーデン。マザーズガーデンやミラーボーダー、ノームの庭などエリアごとにコンセプトが異なるガーデンを展開し、散策しながら楽しめる。

009 フラワーランドかみふらの

北海道　上富良野町

丘の上にある広大な花畑で、十勝岳連峰を背景にルピナスやラベンダー、アイスランドポピーなど花季を通してさまざまな花が咲く。トラクターバスで遊覧できる。

31

雲海
Cloud sea

010

<ruby>星野<rt>ほしのリゾート</rt></ruby> <ruby>リゾート<rt></rt></ruby> トマム うんかいテラス
星野リゾート　トマム
雲海テラス

北海道 占冠村

トマム山の山麓に位置し、広大なフィールドを生かしたさまざまなアクティビティを、年間を通して楽しめる星野リゾート　トマム。特に話題なのが、トマム山中腹の標高1088mにある雲海テラス。条件が合えば壮大な雲海を見下ろすことができる。雲海テラスへは雲海ゴンドラに乗って約13分。ゴンドラ駅に隣接した「てんぼうかふぇ」のほか、一帯には雲の形をした直径10mのハンモック「Cloud Pool」や、斜面からせり出すように設けられた「Cloud Walk」、写真の「Cloud Bar」などがあり、好みの場所から雲海を眺められる。雲海テラスの営業は5月中旬〜10月中旬。冬は霧氷テラスとなり、木々が凍り付いた霧氷で真っ白になる、幻想的な景色を楽しめる。

絶景の特等席！
ゴンドラに乗って
雲の上の世界へ

丘
Hill

011 美瑛の丘風景
びえいのおかふうけい

北海道　美瑛町

十勝岳連峰を望む丘陵地帯に、トウモロコシ畑や小麦畑がパッチワークのように広がる美瑛の丘。防風林として植えられた木々は丘の美風景に欠かせないアクセントだ。「パッチワークの路」「パノラマロード」と名付けられた道の展望スポットから、夏の青々とした景色や、黄金色の小麦が風に揺れる秋、雪に覆われる厳冬期と、いつ行っても美しい風景を眺められる。

真っ白ふわふわの
雪のじゅうたんと
存在感のある防風林

012 メルヘンの丘
メルヘンのおか

北海道 大空町

丘の上部に並ぶ7本のカラマツが印象的な人気のフォトスポット。女満別空港から網走方面に向かって車で10分ほど、国道39号沿いから見ることができる。

013 宗谷丘陵
そうやきゅうりょう

北海道 稚内市

北海道最北端の宗谷岬南部に広がる、氷河期に形成された周氷河地形の丘。風力発電の風車が立ち、名物の宗谷黒牛が放牧されている。フットパスコースも整備。

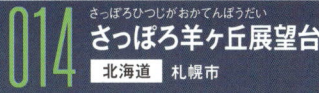

014 さっぽろ羊ヶ丘展望台
さっぽろひつじがおかてんぼうだい

北海道 札幌市

札幌郊外にある展望施設で巨大なクラーク像がシンボル。札幌市街から石狩湾まで見渡せる。夏にはヒツジが放牧され、GWには羊の毛刈りイベントも開催。

015 もいわ山山頂展望台
もいわやまさんちょうてんぼうだい

北海道　札幌市

標高531mの藻岩山山頂にある展望施設。山麓
駅からロープウェイとミニケーブルカーを乗
り継いで山頂までアクセスできる。展望台か
らは札幌市内の町並みや、石狩平野、石狩湾ま
で一望でき、2018年の夜景サミットで長崎、北
九州と並び「日本新三大夜景」に認定された。山
頂駅には眺めのいいレストランとプラネタリ
ウム、中腹駅にはショップがある。

016 美幌峠
びほろとうげ

北海道　美幌町

日本最大のカルデラ湖、屈斜路湖（弟子屈町）
を一望できる標高525mの峠。真ん中に周
囲12kmの大きな中島が浮かぶ。夜は輝く満
天の星、朝は雲海が見られることもある。

山頂から見渡す
札幌の光り輝く夜景

017
はこだてやまやけい
函館山夜景
北海道　函館市

標高334mの函館山山頂にある展望台からの夜景。125人乗りの大型ロープウェイで山頂まで3分。函館湾と津軽湾に挟まれて広がる函館市街や山並みが望める。

湖
Lake

018 神の子池（かみのこいけ）
北海道　清里町

摩周湖からの伏流水が1日1万2000tも湧き出す周囲220m、水深5mの池。水温は年間通して8℃と低く、倒木や魚がはっきり見える透明度。日が射すとエメラルドブルーに。

019 支笏湖（しこつこ）
北海道　千歳市

周囲約40km、最大水深約363mのカルデラ湖。透明度が高く日本最北の不凍湖でもある。恵庭岳、風不死岳、樽前山などに囲まれ、風のない日は湖面に山容が映り込む。

020 ぬかびらこ
糠平湖
北海道　上士幌町

周囲34km、水深約70mの糠平ダムの建設によってできた人造湖。湖の北東部に旧国鉄士幌線の全長130mのアーチ橋、タウシュベツ川橋梁が沈んでいて、水量が減ると現れる。

021 おおぬまこくていこうえん
大沼国定公園
北海道　七飯町

標高1131mの活火山の駒ヶ岳と、山麓にある大沼、小沼、蓴菜沼などからなる景勝地。

023 しかりべつこ
然別湖
北海道　鹿追町

標高810mにある周囲13km、最深部約100mの自然湖。唇山と呼ばれる天望山を湖面に映す。

022 オンネトー
北海道　足寄町

アイヌ語で老いた沼を意味。雌阿寒岳の噴火によりできた堰止湖で、五色沼とも呼ばれる。

024 ましゅうこ
摩周湖
北海道　弟子屈町

摩周ブルーの水をたたえる神秘的な湖。外輪山の最高峰は摩周岳。湖の中央にはカムイッシュ島が浮かぶ。

太古の息吹を感じる
地の果ての大自然に
散らばる5つの湖

025

しれとここご
知床五湖

🏛

北海道 | 斜里町

知床半島はオホーツク海に細長く突き出た半島で、アイヌ語のシリエトク（大地の先端の意）から付けられた地名。2005年に海と陸の食物連鎖が保たれている自然環境が評価され、世界自然遺産に登録された。知床半島の原生林の中には5つの湖があり、知床連山を眺めながら散策することができる。ただし、ヒグマの生息地であるため、ガイドツアー参加やレクチャーを受けるなど条件が設けられている。地上遊歩道は2コースあり、5湖すべてを回る全周3kmの大ループと、一湖と二湖を回る全周1.6kmの小ループがある。ヒグマの爪痕やアカゲラが木にあけた穴などを確認できる。高架木道は、ヒグマの出没に左右されずに気軽に利用できる全長800mの遊歩道。展望台から知床連山やオホーツク海を眺めながら、一湖まで行くことができる。

026 知床半島とシャチ
しれとこはんとうとシャチ

北海道 羅臼町

知床半島の南東に広がる根室海峡には時季によりシャチやクジラが回遊。羅臼港から出るウォッチングクルーズ船で海の生き物や鳥が見られる。冬は流氷クルーズも開催。

027 神威岬(積丹半島)
かむいみさき(しゃこたんはんとう)

北海道 積丹町

積丹半島の先端にある岬。約770mの遊歩道が整備され、積丹ブルーと称される美しい海や、自然を眺めながら散策できる。先端からは沖にそびえる神威岩が望める。

028 定山渓の紅葉
じょうざんけいのこうよう

北海道　札幌市

札幌から車で50分ほどの豊平川沿いに位置する歴史のある温泉地。渓谷美で知られ、特に紅葉の美しさは北海道屈指。遊歩道にある赤い二見吊橋は紅葉のビュースポット。

029 ふきだし湧水
ふきだしゆうすい

北海道　京極町

羊蹄山の伏流水が1日約8万tも湧き出る場所。隣接する道の駅では名水を使った商品を販売。

030 登別温泉地獄谷
のぼりべつおんせんじごくだに

北海道　登別市

北海道を代表する登別温泉の源泉地。直径約450mの爆裂火口跡で、遊歩道からは蒸気が間近に見られる。

031 北大イチョウ並木
ほくだいイチョウなみき

北海道　札幌市

北海道大学の構内、北13条通りには約380mにわたり70本のイチョウの木があり、秋の紅葉は札幌の風物詩。見頃は10月下旬〜11月下旬にかけて。新緑の時季も美しい。

032 釧路湿原

くしろしつげん

北海道　釧路市ほか

4市町村にまたがる面積約270㎢の日本最大の湿原。全体が釧路湿原国立公園に、中心部はラムサール条約登録湿地に指定。特別天然記念物のタンチョウを始め、希少な生き物や約600種類の植物が自生する。湿原の東側にある細岡展望台は、湿原の中を蛇行しながら流れる釧路川が望めるビュースポット。西側にも遊歩道と展望スポットがあり、地平線まで広がる雄大な湿原を眺められる。

035 きじひきこうげん
きじひき高原
北海道　北斗市

標高560mのパノラマ展望台からは津軽海峡や函館山、大沼方面が眺められる。

033 しょうわしんざん
昭和新山
北海道　壮瞥町

洞爺湖の南にある、1943（昭和18）年の火山噴火でできた山。有珠山ロープウェイからも見られる。

036 うりゅうぬましつげん
雨竜沼湿原
北海道　雨竜町

山道を約2時間登った標高850mにある高層湿原。大小100以上もの沼が点在し、高山植物の宝庫。

034 りしりざん
利尻山
北海道　利尻島

利尻島の中央にそびえる標高1721mの山で、美しい山容から利尻富士と呼ばれる。固有の高山植物が豊富。

037 ようていざん
羊蹄山
北海道　ニセコ

ニセコ町、倶知安町、喜茂別町、真狩村、京極町にまたがる標高1898mの成層火山で、後方羊蹄山、蝦夷富士とも呼ばれる。西にあるニセコアンヌプリはスキー場で有名。周辺には温泉が点在する。

畑と牧草地と防風林の
パッチワークのような
十勝平野の大パノラマ

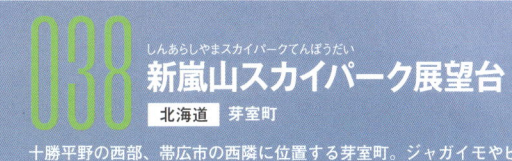

038

しんあらしやまスカイパークてんぼうだい
新嵐山スカイパーク展望台

北海道 | 芽室町

十勝平野の西部、帯広市の西隣に位置する芽室町。ジャガイモやビート、小麦、トウモロコシなどを栽培する大規模農家が多く、見渡す限りの田園風景が続く。なかでもスイートコーンの作付面積は日本一を誇り、コーンを使ったチャーハンはご当地グルメにもなっている。町の南には標高320mの新嵐山があり、山麓はニリンソウやカタクリなどが咲く野草園、スキー場、パークゴルフ場、宿泊施設などがあるレクリエーションパークになっている。狭い舗装道路を通って山頂まで行くことができ、木造3階の赤い屋根の展望台から十勝平野を見渡すことができる。畑と牧草地、防風林がどこまでも広がる、スケールの大きな北海道の風景だ。

イサム・ノグチの遊び心あふれるアートパーク

039 モエレぬまこうえん
モエレ沼公園
北海道 札幌市

彫刻家イサム・ノグチが手がけた約1.9km²
の公園。噴水や山、ビーチ、室内施設のガラス
のピラミッドなど、スケールの大きな造
形物が点在するアートパーク。

写真提供：モエレ沼公園

040 おたるうんが
小樽運河
北海道 小樽市

北海道の商業の中心として栄えた小樽で、海
からの物資運搬のために1923（大正12）年に
造られた水路。全長1140m、幅は散策路が
ある南側は20m、北側は当時のままで40m。

041 赤レンガ倉庫群
<small>あかレンガそうこぐん</small>

北海道 函館市

1909(明治42)年に建てられた7棟のレンガ倉庫。現在は金森洋物館、BAYはこだてなどショッピングモールを兼ねた複合施設。倉庫が並ぶ道の先には函館山がそびえる。

042 テレビ塔と大通公園
<small>テレビとうとおおどおりこうえん</small>

北海道 札幌市

東西1.5kmの緑地帯で噴水や彫刻、花壇などがある市民の憩いの場。公園の東端に立つさっぽろテレビ塔は1957年に完成した高さ147.2mの電波塔。

043 博物館網走監獄
<small>はくぶつかんあばしりかんごく</small>

北海道 網走市

明治期に建てられた網走刑務所の建物を移築・復原した野外歴史博物館。囚人生活を体感できる。

044 函館ハリストス正教会
<small>はこだてハリストスせいきょうかい</small>

北海道 函館市

1860年に日本で最初に建てられたロシア正教の教会。ロシアビザンチン様式の真っ白な壁と高い塔、屋根のクーポルが印象的。

046 ジュエリーアイス

北海道 豊頃町

十勝川が太平洋に流れ出す河口で見られる自然現象。凍った川の水が波によって海岸に打ち上げられたもので、波にもまれるうちにクリスタルのような輝きになる。日が昇る瞬間は、海と氷がオレンジ色に輝くシャッターチャンスだ。見られるのは厳冬期の1月中旬～2月下旬頃。ジュエリーアイスが打ち上げられる大津海岸まで、帯広から車で40分ほど。

045 オホーツク海の流氷

<small>オホーツクかいのりゅうひょう</small>

北海道 紋別・網走ほか

オホーツク海の流氷は北海道の冬の風物詩。シベリア沖やオホーツク海の遙か北側で生まれた流氷は、次第に厚さを増し、ぶつかり合いながら、何千キロも旅をして沿岸にたどり着く。網走からは「網走流氷観光砕氷船おーろら・おーろら2」、紋別からは「流氷砕氷船ガリンコ号Ⅱ」に乗って、迫力の流氷クルーズが楽しめる。

クリスタルのように透明な氷が打ち上がる海岸

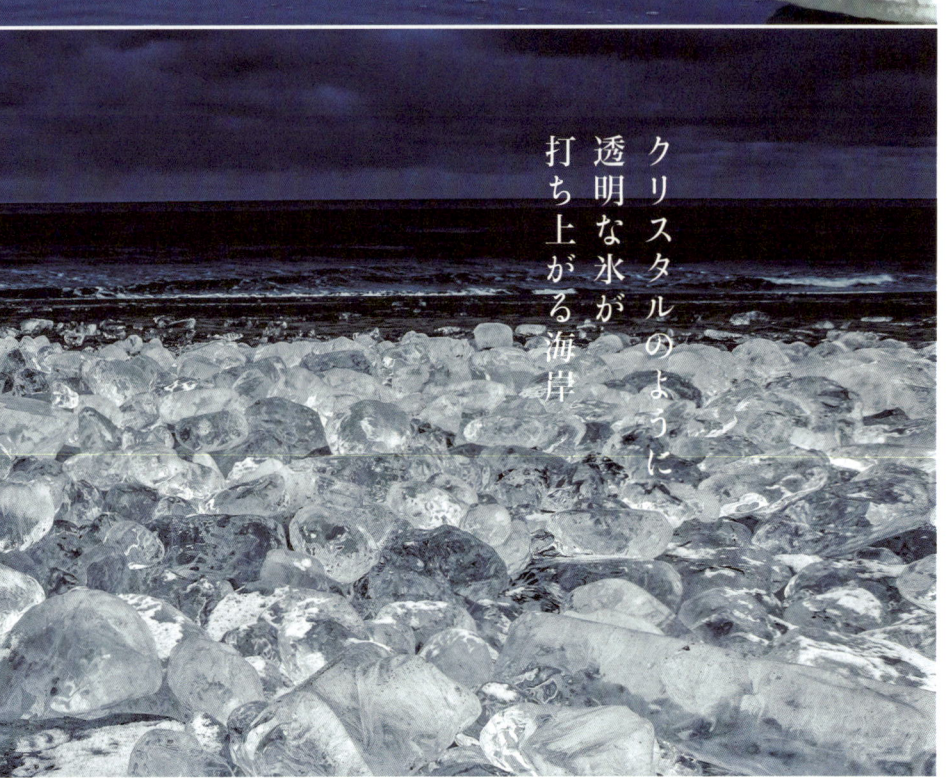

047 しかりべつ湖コタン
しかりべつこコタン

北海道 鹿追町

凍った然別湖の湖上と湖畔に、雪と氷で造った建物が現れる。メインの建物は然別湖から切り出した氷を積んで建てられ、昼はカフェ、夜はバーに。開催は1月下旬〜3月下旬。

048 千歳・支笏湖氷濤まつり
ちとせ・しこつこひょうとうまつり

北海道 千歳市

1月下旬〜2月中旬に開催。支笏湖の湖水を吹き付け凍らせて作る大小のオブジェが立ち並び、昼は支笏湖ブルーに輝き、夜はカラフルにライトアップされ幻想的。

049 星野リゾート トマム アイスヴィレッジ
ほしのリゾート トマム

北海道 占冠村

星野リゾート トマムの冬のイベント。12月上旬〜3月中旬にかけて、すべて氷でできた氷の教会、氷のホテル、氷のBarなどが登場する。

050 さっぽろ雪まつり

さっぽろゆきまつり

北海道 札幌市

2月上旬に開催される、北海道を代表する冬のイベント。大通公園を中心に200基を超える氷像・雪像が立ち並ぶ。実在する建造物を複製した大雪像や氷像は見応え満点。夜のライトアップやプロジェクションマッピングも幻想的だ。ステージイベント、スノーボードジャンプ競技、北海道グルメが楽しめるフードコーナーも人気。

北海道

©HBC北海道放送

53

太陽と空を映し
ミルキーブルーに輝く
美瑛の青い池

051

しろがね あおいいけ
白金 青い池

北海道　美瑛町

目の覚めるような青い色の池に、立ち枯れした木々が並ぶ絶景で話題となり、いまや美瑛屈指の観光スポットに。実は自然の池ではなく、十勝岳の火山災害を防ぐために造られたえん堤に、美瑛川の水が溜まってできたものだ。水が青く見えるのは、上流のアルミニウムを含んだ水が美瑛川と混ざることで生まれる鉱物成分が、太陽の光を拡散させるため。天気のいい日はより青さが増して見える。池に沿った遊歩道を歩いて見学でき、晴れていれば十勝岳の姿も見える。冬には期間限定で青い池ライトアップを開催。池に積もった雪が照らされ、暗闇に浮かび上がる様子は幻想的。3km上流にある白金温泉の橋からは、ブルーリバーこと青い美瑛川が眺められる。

052 天に続く道
てんにつづくみち

北海道　斜里町

空の向こうまで続くような全長約28.1kmの直線道路。その様子から「天に続く道」と名付けられた。田畑の中を滑るように走れば気分は爽快。春分の日と秋分の日の前後には、道の先に沈む夕日が見られると話題。積雪により冬季は通行不可。途中にオホーツク海まで見渡せる展望台と、道の撮影に最適なデッキがある。ウトロ側から行く方が眺めがいい

053 清水町営育成牧場
しみずちょうえいいくせいぼくじょう

北海道 清水町

牛の数が人口より多い十勝の清水町にある、若牛を酪農家から預かり育成する牧場。牧場内の車道を上ると清水円山展望台があり十勝の牧場風景を一望できる。

北海道

054 音更の白樺並木
おとふけのしらかばなみき

北海道 音更町

道道133号から家畜改良センター十勝牧場に通じる1.3kmの白樺並木の道。道の両脇に整然と並ぶ白樺は初夏の新緑、秋の紅葉ともに美しくフォトスポットになっている。

055 頭大仏(真駒内滝野霊園)
あたまだいぶつ(まこまないたきのれいえん)

北海道 札幌市

安藤忠雄デザインの大仏殿で、外からは高さ13.5mの大仏の頭だけが見える。夏はラベンダーに覆われる。

056 平岡樹芸センター
ひらおかじゅげいセンター

北海道 札幌市

8種類約800本のモミジの紅葉が話題のスポット。ノムラモミジの赤いトンネルの見頃は10月下旬。

058 ばんえい十勝
ばんえいとかち

北海道 帯広市

体重1t前後の大きなばん馬が重い鉄ソリを曳いて、障害を越えて速さを競う日本で唯一のレース。

057 札幌市円山動物園
さっぽろしまるやまどうぶつえん

北海道 札幌市

北方の動物を中心に飼育。水中トンネルのあるホッキョクグマ館や、新オープンのゾウ舎が人気。

059 登別マリンパークニクス
のぼりべつマリンパークニクス

北海道 登別市

約400種、2万点を展示する水族館「ニクス城」を中心に、イルカやアシカのショーが人気。

060 カニ
北海道
毛ガニ、タラバガニ、ズワイガニ、花咲ガニが四大ガニ。毛ガニは時季により沿岸各地でとれる。

062 ウニ・イクラ丼
（ウニ・イクラどん）
北海道
北海道では地域によりエゾバフンウニとムラサキウニがとれる。ウニとイクラは海鮮丼の王様。

063 味噌ラーメン
（みそラーメン）
北海道
札幌を代表するラーメンで、味噌ダレスープに玉子縮れ麺が定番。札幌の「味の三平」が発祥。

061 三平汁
（さんぺいじる）
北海道
鮭やタラなどの魚介、ジャガイモ、ダイコンなどの野菜類と煮込んだすまし汁で冬の定番。

064 ジンギスカン
北海道
ドーム型の鉄鍋で羊肉を焼いて食べる。味付け肉を焼くか、焼いてからタレに付ける方法がある。

COLUMN_01

カムイと共に生きる
上川アイヌ

〜大雪山のふところに伝承される
神々の世界〜

アイヌの人々にとってのカムイ（神）は、自然、動物や植物、道具などすべての事物に宿っており、神が姿を変えてカムイモシリ（神々の国）からアイヌモシリ（人間の国）に降りてきたものと考えられていた。上川アイヌは、石狩川の峡谷、神居古潭より上流地域に居住していた人々のことで、「ペニ ウンクル（川上に・居る・人）」と呼ばれていた。彼らは上川盆地入り口に位置する嵐山をチノミシリ（我ら祀る山）、さらに最上流の大雪山をカムイミンタラ（神々の遊ぶ庭）と呼び崇拝していた。嵐山には現在「アイヌ文化の森・伝承のコタン」がありチセ（家）やプー（倉庫）が復元されている。

日本遺産とは

文化庁が認定した、
地域の歴史的魅力や特色を通じて
日本の文化・伝統を語るストーリー。

その他の主な
構成文化財

然別湖 >> P.52
あらしやま
嵐山 北海道 鷹栖町
はごろものたき
羽衣の滝 北海道 東川町
そううんきょう
層雲峡 北海道 上川町
とかちだけ
十勝岳 北海道 上富良野町、新得町

065
あさひだけ
旭岳

北海道 東川町

旭岳は大雪山連峰の主峰で標高2291mの北海道最高峰。ロープウェイで標高1600mの姿見駅まで行くことができ、駅からは姿見の池を結ぶ一周約1.7kmの散策路が整備されている。7月下旬の高山植物に始まり、日本で最も早い紅葉が見られるのもこの場所で、神々の遊ぶ庭を散策しながら美しい自然と触れ合える。

東北

TOHOKU

福　山　秋　宮　岩　青
島　形　田　城　手　森

東北

とうほく

県別ダイジェストガイド

青森県 ●あおもりけん

リンゴとねぶたが
有名な本州最北端

津軽海峡、太平洋、日本海に面す。斧のような形をした下北半島が陸奥湾を抱え、中央部に八甲田山がそびえる。津軽海峡を挟む北海道と鉄道や航路で結ばれる。

DATA
●県庁所在地：青森市 ●市町村数：10市・22町・8村 ●面積：9645㎢ ●人口：約127万人

● 名物・名品

農業県でリンゴの生産量は日本一を誇る。ニンニクも日本一で国内生産量の7割を占める。津軽海峡でとれる大間のマグロは高級マグロの代名詞になっている。

約50種類のリンゴを栽培。「つがる」や「ふじ」が有名

● 名所

青森市のねぶた祭りは東北三大祭のひとつで重要無形民俗文化財に指定。十和田八幡平国立公園の十和田湖や奥入瀬渓流などと、仏ヶ浦に見られるような海岸線の奇岩も見どころ。弘前公園の桜も有名。

迫力ある山車を曳き回すねぶた祭

岩手県 ●いわてけん

三陸海岸を擁する
2番目に大きな県

北海道に次ぐ大きさの県で南北約189km、東西約122km。東側は太平洋に面し海岸線の延長は約708kmに及ぶ。盛岡市は奥羽山脈を望む北上盆地の、北上川沿いに広がる。

DATA
●県庁所在地：盛岡市 ●市町村数：14市・15町・4村 ●面積：1万5275㎢ ●人口：約125万人

アラレ模様が特徴の南部鉄瓶

● 名所

三陸海岸は三陸ジオパークに指定され、浄土ヶ浜に代表される景勝地が点在。南部の平泉は世界遺産に登録され、中尊寺や毛越寺などの見どころがある。

一関市にある厳美渓のエメラルドグリーンの水流

● 名物・名品

盛岡市や奥州市の南部鉄器や金箔を使った秀衡漆器、久慈市の琥珀細工など。おみやげでは小麦粉で作る南部せんべいが有名。

宮城県 ●みやぎけん

東北最大の都市
仙台市を抱える

気仙沼や石巻といった名漁港が点在し、松島は日本三景のひとつ。西側には栗駒山、奥羽山脈、蔵王連峰がそびえる。仙台市は中央に位置し、緑が多く「杜の都」と呼ばれている。

DATA
●県庁所在地：仙台市 ●市町村数：14市・20町・1村 ●面積：7282㎢ ●人口：約232万人

● 名物・名品

鳴子、作並、遠刈田、弥治郎、肘折の5つの伝統こけしがある。江戸時代末期からの仙台箪笥や鳴子漆器も。みやげの王道は「笹かまぼこ」。

白身のすり身を笹の葉の形にして焼いた「笹かまぼこ」

● 名所

日本三景の松島に代表される海岸美に加え、蔵王連峰の御釜などの山岳風景、伊達氏にまつわる仙台東照宮や瑞宝殿など多彩な見どころがある。

蔵王五色岳にあるエメラルドグリーンの御釜

秋田県 ●あきたけん

秋田犬と秋田美人、温泉地で知られる

西側は日本海に面し、海に突き出した男鹿半島の南に秋田市がある。内陸部は奥羽山脈を隔てた岩手ほか、青森、宮城、山形と接する。秋田犬や秋田美人など、北国が生んだ名物がいろいろ。乳頭温泉郷や玉川温泉など温泉も多数。

DATA
●県庁所在地：秋田市 ●市町村数：13市・9町・3村 ●面積：1万1637㎢ ●人口：約99万人

● 名物・名品

民芸品では山桜の樹皮を加工した樺細工、川連こけし、大館曲げわっぱなど。秋田リンゴの「紅ほっぺ」やラズベリー、稲庭うどん、いぶりがっこも名物。

国重要無形民俗文化財の秋田竿燈まつり

● 名所

秋田竿燈まつり、大曲の花火、能登の七夕「天空の不夜城」など、規模の大きな祭りが多い。伝統的ななまはげも。湖が多く、自然豊かな見どころが点在。

国の天然記念物に指定されている秋田犬

山形県 ●やまがたけん

最上川の流れと美しい山並み

日本海に面しているが、県の85％を山地が占め、中央には最上川が流れる。蔵王連峰、朝日連峰、出羽三山の山々を望む庄内と、最上、村山、置賜の4つの地域に分けられ、中心となる山形市は宮城県と接する盆地に広がる。

DATA
●県庁所在地：山形市 ●市町村数：13市・19町・3村 ●面積：9323㎢ ●人口：約110万人

● 名物・名品

山形名産と言えばさくらんぼ。5月から始まるシーズンにはさくらんぼ狩りが人気。西洋ナシも日本一の生産量を誇る。米沢牛も山形名物。

山形城跡を整備した霞城公園は桜の名所

● 名所

蔵王の樹氷は山形の冬の風物詩。ロープウェイで気軽に行けることもあり観光客が集まる。話題のスポットはクラゲに癒される加茂水族館。

山形生まれの「佐藤錦」のほか「高砂」なども

● 名所

裏磐梯の湖沼群、浄土平の山岳景観、歴史のある寺院、宿場町の大内宿など、自然と文化の両方が楽しめる。一切経山の魔女の瞳、裏磐梯の桜峠はいま話題のスポット。

江戸時代の面影を残す南会津にある大内宿

福島県 ●ふくしまけん

変化に富んだ地形とさまざまな文化

北海道、岩手県に次ぐ3番目の面積を誇り、東西約166km、南北約133km。県北から県南の中心部の中通り、約160kmの太平洋沿岸に沿った浜通り、新潟県境にかけての山地が大部分を占める会津の3地方に分けられ、気候や文化の違いが見られる。

DATA
●県庁所在地：福島市 ●市町村数：13市・31町・15村 ●面積：1万3783㎢ ●人口：約188万人

● 名物・名品

漆器、陶磁器、木工品など地方ごとにさまざまな民芸品があり、会津の起き上がり小法師、会津塗、中通りのこけしなどが有名。薄皮饅頭、羊羹、地酒などみやげも豊富。果物では桃が名産品。

会津の民芸玩具で首がゆらゆら揺れる赤ベコ

東北エリア 絶景リスト

［全125カ所］

INDEX 066-190

66 青森ねぶた祭
67 秋田竿燈まつり
68 仙台七夕まつり
69 大曲の花火大会
70 能代七夕「天空の不夜城」
71 横手の雪まつり
72 角館祭りのやま行事
73 西馬音内盆踊り
74 盛岡さんさ踊り
75 なまはげ柴灯まつり
76 チャグチャグ馬コ
77 十和田湖
78 恐山の宇曽利湖
79 秋元湖
80 田沢湖
81 蔦の七沼
82 睡蓮沼
83 五色沼
84 伊豆沼
85 潟沼
86 玉川温泉
87 蔵王温泉大露天風呂
88 後生掛温泉
89 厳美渓
90 塔のへつり
91 小安峡
92 猊鼻渓
93 抱返り渓谷
94 奥入瀬渓流
95 蔵王樹氷
96 仏ヶ浦
97 穴通磯
98 ゴジラ岩
99 材木岩
100 巨釜・半造
101 種差天然芝生地
102 浄土ヶ浜
103 一切経山（魔女の瞳）
104 御釜
105 日本キャニオン
106 浄土平
107 あぶくま洞
108 龍泉洞
109 幻想の森
110 川原毛地獄
111 酸ヶ湯温泉地獄沼
112 蕪島のウミネコ
113 牛渡川
114 浄土松公園
115 八甲田山
116 元滝伏流水
117 玉簾の滝
118 小又峡の三階滝
119 銚子大滝
120 秋保大滝
121 中尊寺金色堂
122 鹽竈神社
123 仙台東照宮
124 赤神神社五社堂
125 毛越寺の浄土庭園

青森県

岩手県

宮城県

福島県

126	高山稲荷神社
127	瑞鳳殿
128	立石寺（山寺）
129	国宝 白水阿弥陀堂
130	白石城
131	鶴ヶ城公園
132	桜峠
133	白石川堤一目千本桜
134	霞城公園（山形城跡）
135	桧木内川堤の ソメイヨシノ
136	弘前公園
137	夏井千本桜
138	石割桜
139	刺巻湿原 ミズバショウ群生地
140	横浜町の菜の花畑
141	八津・鎌足の カタクリの群生地
142	徳仙丈山のツツジ
143	国営みちのく杜の 湖畔公園
144	ひまわりの丘
145	ベンセ湿原の ニッコウキスゲ
146	大内宿
147	銀山温泉
148	酒田の町並み（山居倉庫）
149	角館武家屋敷
150	鳴子峡と大深沢橋
151	第一只見川橋梁
152	鶴の舞橋
153	八郎潟防潮水門
154	尾去沢鉱山

155	三内丸山遺跡
156	さざえ堂
157	岩手銀行赤レンガ館
158	會津藩校 日新館
159	盛美館
160	赤れんが郷土館
161	秋田県立美術館
162	旧鶴岡警察署庁舎
163	有栖川宮家の別邸 「天鏡閣」
164	旧弘前市立図書館
165	月山弥陀ヶ原
166	栗駒山
167	松島
168	楯山公園からの最上川
169	椹平の棚田
170	岩手山
171	大沼
172	八幡平のドラゴンアイ
173	鳴子ダム
174	十和田市現代美術館
175	蔵王エコーラインの 雪の回廊
176	加茂水族館
177	宮澤賢治童話村
178	歴史公園えさし藤原の郷
179	石ノ森萬画館
180	潮見台
181	十六羅漢岩
182	佐野原五百羅漢園
183	報恩寺の五百羅漢
184	冷麺
185	はらこ飯
186	どんどん焼き
187	大間のマグロ
188	はたはた飯寿司
189	きりたんぽ鍋
190	羽黒山五重塔

東北

祭り
Festival

066
青森ねぶた祭 （あおもりねぶたまつり）
青森県 青森市

勇壮かつ華やかな武者絵をあしらった約20台のねぶた人形が「ラッセラー、ラッセラー！」の掛け声とともに市内を巡行。毎年約280万人の観光客が押し寄せる、東北最大級の祭として知られている。その起源は奈良時代に中国から渡来した七夕祭と言われ、七夕の灯籠が次第に変化していまに至っている。曜日に関係なく、毎年8月2〜7日に行われ、2・3日には約15台の子供ねぶたも登場。最終日には海上を運行するねぶたと花火がフィナーレを飾る。漆黒の闇に浮かび上がる鮮やかな武者絵もさることながら、その周りを威勢のいい掛け声とともに跳ねながら踊る「跳人」の熱気も見もののひとつ。この跳人は誰でも参加することができ、貸衣装も用意されている。

跳人の熱気が爆発する真夏の風物詩

067 秋田竿燈まつり
あきたかんとうまつり

秋田県 秋田市

米俵をかたどった提灯をずらりと下げ、稲穂に見立てた竿燈約230本がメイン会場の竿燈大通りに集合。ハッピ姿の差し手が重さ約50kgの竿燈を額・肩・腰などにのせ、巧みにバランスをとって支える技に、詰めかけた観客が酔いしれる。毎年8月3〜6日に開催され、19時30分頃から1時間ほど竿燈演技が行われる。4〜6日には昼竿燈も見られる。

068 仙台七夕まつり
せんだいたなばたまつり

宮城県 仙台市

伊達政宗が始めたと伝わる仙台の名物行事。市内の繁華街はこの時期、絢爛豪華な七夕飾りで埋め尽くされる。毎年8月6〜8日にかけて市の中心部で開催される。

069 大曲の花火大会
おおまがりのはなびたいかい

秋田県 大仙市

世界の花火師が腕を競う、国内屈指の花火大会。夏の全国花火競技大会を中心に、季節ごとに年に4回行われている。珍しい昼花火も必見。

070 能代七夕「天空の不夜城」

のしろたなばた「てんくうのふやじょう」

秋田県　能代市

能代市に江戸時代から伝わる七夕行事。城の天守閣をイメージした高さ約24mもの巨大灯籠が町を練り歩く様は圧巻だ。8月上旬の週末、18〜21時に開催される。

071 横手の雪まつり

よこてのゆきまつり

秋田県　横手市

「かまくら」は水神様を祀る正月行事で、450年以上の歴史を誇る。2月中旬の祭り期間中には約100基のかまくらが横手公園や武家屋敷通りに並び、幻想的な光景が広がる。

072 角館祭りのやま行事
かくのだてまつりのやまぎょうじ

秋田県　仙北市

武者人形や歌舞伎人形をのせた
17台の曳山が練り歩く伝統行事。
毎年9月7～9日に行われる。

074 盛岡さんさ踊り
もりおかさんさおどり

岩手県　盛岡市

8月1～4日にかけて、中央通を
中心に行われる盆踊り大会。太
鼓と踊りが競演する大パレード。

073 西馬音内盆踊り
にしもないぼんおどり

秋田県　羽後町

野性的なお囃子と、優雅で流れ
るような上方風の美しい踊りが
対照的。8月16～18日に開催。

075 なまはげ柴灯まつり
なまはげせどまつり

秋田県　男鹿市

毎年2月第2金～日曜に開催。真
山神社の柴灯火の前でナマハゲ
の勇壮な乱舞が見られる。

076 チャグチャグ馬コ
チャグチャグうまコ

岩手県　滝沢市・盛岡市

鮮やかな装束で着飾った100頭
の馬が、滝沢市鬼越蒼前神社か
ら盛岡八幡宮まで13kmを行進。

湖・温泉
Lake・Hot spring

鏡のような藍色の
湖面と紅葉の
感動の大パノラマ

077 十和田湖
とわだこ

青森県　十和田市

秋田県にまたがる海抜400m、周囲約46.2km
の典型的な二重式カルデラ湖。最深部は日本
第3位の326.8mもの深さがあり、藍色の神秘
的な湖面が印象的。南岸の発荷峠や北西の滝
ノ沢、さらに北岸の御鼻部山などに展望台が
あり、迫力ある眺望が楽しめる。湖から唯一
流れ出す奥入瀬川は、自然の造形が美しい渓
谷としても知られている。

078 恐山の宇曽利湖
おそれざんのうそりこ

青森県　むつ市

下北半島にあるイタコで知られる
恐山のカルデラ湖。強い酸性の水
をたたえた湖は青緑色に輝き、独
特の風情を見せている。湖畔には
白い砂浜が広がり、その光景はさ
ながら極楽のよう。

079
あきもとこ
秋元湖
福島県 北塩原村・猪苗代町

300以上の湖沼が点在する裏磐梯
で、桧原湖に次いで2番目に大き
な湖。樹林に覆われ入り組んだ湖
岸と、背後に幾重にも重なる山並
みが美しい。

080 田沢湖
たざわこ

秋田県 仙北市

鮮やかなブルーの湖水が神秘的な美しさの
周囲約20㎞の淡水湖。水深は約423.4mと
日本一の深さを誇る。湖内に「辰子姫伝説」
にちなんだたつこ像が立っている。

081 蔦の七沼
つたのななぬま

青森県 十和田市

奥入瀬渓谷から八甲田山に向かう途中に点
在する七つの湖沼の総称。ブナの原生林に
包まれた森に散策路が設けられている。紅
葉を映す秋がベストシーズン。

082 睡蓮沼
すいれんぬま

青森県 十和田市

十和田ゴールドライン(国道103号線)の笠
松峠の近くにある、湿原に囲まれた沼。夏
は白いスイレンが湖面に咲き広がる。冬期
は通行止め。

東北

083 五色沼
ごしきぬま

福島県　北塩原村

裏磐梯に点在する湖沼の総称。
いろいろな色の沼があり、探勝
路で散策できる。

086 玉川温泉
たまがわおんせん

秋田県　仙北市

焼山のふもとにもうもうと噴煙が
上がる一大温泉地。治癒能力を高
めるという強酸性の湯が好評。

084 伊豆沼
いずぬま

宮城県　栗原市・登米市

7月中旬〜8月に湖面を埋め尽
くすハスは日本最大級のスケー
ル。期間中は遊覧船が運航。

087 蔵王温泉大露天風呂
ざおうおんせんだいろてんぶろ

山形県　山形市

渓流沿いにある野趣満点の露天
風呂。階段状に5つの湯船が並び、
一度に200人が浸かれる。

085 潟沼
かたぬま

宮城県　大崎市

鳴子温泉の南東2kmにある、日
本有数の強酸性の沼。澄んだエ
メラルドブルーの湖面が美しい。

088 後生掛温泉
ごしょうがけおんせん

秋田県　鹿角市

八幡平山頂近くにある、湯治場
風情満点の一軒宿。泥風呂や箱
蒸し風呂など7種の湯船がある。

75

渓谷
Ravine

089

厳美渓 (げんびけい)
岩手県 一関市

栗駒山から流れ出た磐井川が巨岩を侵食してできた奇勝で、国の名勝天然記念物に指定。石英粗面岩の岩盤を急流が削った渓谷美が約2kmも続き、小石などにより岩が丸くえぐられた甌穴群も見られる。青く輝く川の流れに紅葉が映える秋が特に美しい。岩場から木の板を叩いて注文すると、対岸からロープを伝って届けられる「郭公だんご」が名物。

090 塔のへつり
とうのへつり

福島県 下郷町

100万年以上の歳月をかけて、川が周囲の岩盤を侵食してできた渓谷。へつりとは方言で険しい断崖の意味。

092 猊鼻渓
げいびけい

岩手県 一関市

砂鉄川の両岸に高さ100mもの断崖がそそり立ち、迫力ある景観が続く。川下りが楽しめる。

東北

091 小安峡
おやすきょう

秋田県 湯沢市

高さ60mの渓谷の底から、轟音とともに熱湯が噴き出す。渓谷美を見ながら入れる温泉が人気。

093 抱返り渓谷
だきかえりけいこく

秋田県 仙北市

東北の耶馬渓とも称されるV字峡。両岸の原生林や大小の滝を見ながら遊歩道を散策できる。

094 奥入瀬渓流
おいらせけいりゅう

青森県 十和田市

焼山から十和田湖まで約14kmにわたって続く渓流。原生林の中に滝や奇岩怪石が点在する。

氷原に林立する
雪と氷の
モンスターたち

095 蔵王樹氷

（ざおうじゅひょう）

山形県 ｜ 山形市

蔵王の冬の風物詩といえば、凍てついた氷原に立つ無数の樹氷群。蔵王は14ものスキー場がある東北最大級のスキー天国だが、樹氷が見られる1月中旬〜3月上旬は、その絶景をひと目見ようと世界中から観光客が押し寄せる。蔵王温泉から標高1661mの地蔵山頂駅までは、蔵王ロープウェイで約20分と手軽にアクセスできる。駅を一歩出れば、そこはもう別世界。スノーモンスターとも呼ばれる、さまざまな造形の樹氷が一面に広がる。樹氷はアオモリトドマツが雪と氷に覆われたもので、木に付着した過冷却水滴と着雪によりできあがる。地形や氷点下の気温、風速など、さまざまな気象条件が重なって初めて生まれる現象だ。2月がベストシーズンだが、気温がマイナス10℃を下回ることも多い。防寒対策は十分に。

東北

096 仏ヶ浦
ほとけがうら

青森県 佐井村

白緑色の凝灰岩が約2kmにわたって連なる、下北半島を代表する景勝地。津軽海峡の荒波と冬の風雪が奇岩怪石を生み出し、五百羅漢や一ツ仏といった名前が付いている。

097 穴通磯
あなとおしいそ

岩手県 大船渡市

大船渡湾の南、末崎半島先端の碁石海岸で見られる奇岩。岩礁の下に大きな海食洞が3つ口を開けている。穴をくぐる観光船も運航している。

098 ゴジラ岩
ゴジラいわ

秋田県 男鹿市

潮瀬崎にある、ゴジラの横顔にそっくりの岩。赤く染まった夕暮れ時がベストタイム。

100 巨釜・半造
おがま・はんぞう

宮城県 気仙沼市

唐桑半島の東岸に並ぶふたつの巨石。大理石が海食された奇岩が連続し、迫力ある景観が広がる。

101 種差天然芝生地
たねさしてんねんしばふち

青森県 八戸市

蕪島から大久喜まで約12km続く種差海岸の人気スポット。波打ち際まで芝生が広がる。

099 材木岩
ざいもくいわ

宮城県 白石市

白石川上流、高さ約65ｍの石英安山岩が幅約100ｍにわたって連なる柱状節理の大岩壁。

102 浄土ヶ浜
じょうどがはま

岩手県 宮古市

紺碧の太平洋に向かって白い石英粗面岩が一列に並ぶ。まさに極楽浄土のような光景。

103 一切経山（魔女の瞳）
<ruby>一切経山<rt>いっさいきょうざん</rt></ruby>（<ruby>魔女の瞳<rt>まじょのひとみ</rt></ruby>）

福島県　福島市

吾妻連峰の北東に位置し、現在も盛んに噴気を上げる活火山。頂上直下には濃いブルーの水をたたえた火口湖があり、その神秘的な美しさから"魔女の瞳"と呼ばれている。

104 <ruby>御釜<rt>おかま</rt></ruby>

宮城県　蔵王町・川崎町

蔵王連峰の外輪山に囲まれた直径約325m、周囲約1kmの丸い火口湖。刈田岳に展望台がある。

105 <ruby>日本キャニオン<rt>にっぽんキャニオン</rt></ruby>

青森県　深浦町

十二湖周遊コースから見られる、侵食崩壊でできた凝灰岩の岩壁。ダイナミックな景観が広がる。

NaN東北

106 浄土平
じょうどだいら

福島県　福島市

磐梯吾妻スカイラインのハイライト。火山台地が広がる中、標高1707mの吾妻小富士や湿原がある。吾妻小富士の火口壁までは駐車場から徒歩10分ほどで登れる。

107 あぶくま洞
あぶくまどう

福島県　田村市

8000万年という歳月が生み出した自然の芸術。3層に分かれた大ホール「滝根御殿」が見もの。

108 龍泉洞
りゅうせんどう

岩手県　岩泉町

水深100m近い地底湖がいくつもある神秘の鍾乳洞。約700mの見学ルートが設けられている。

83

109 幻想の森
げんそうのもり

山形県　戸沢村

最上川中流域の奥深く、土湯の森にある土湯杉（神代杉）群生地。樹齢1000年以上、大きな物では幹周り15mを超えるほどの巨木が、幹や枝をくねらせながらそびえている。森のなかにはウッドチップを敷き詰めた遊歩道があり、誰でも手軽に森林浴を楽しむことができる。

110 川原毛地獄
かわらげじごく

秋田県 湯沢市

標高約800mにある荒涼とした大地。強い硫黄臭が漂い、あちこちから蒸気が上がっている。

113 牛渡川
うしわたりがわ

山形県 遊佐町

鳥海山の湧き水が流れる名水の川。6〜7月には可憐なバイカモが咲くことでも有名。

111 酸ヶ湯温泉地獄沼
すかゆおんせんじごくぬま

青森県 青森市

酸ヶ湯温泉から徒歩30分ほどの場所にある火口湖。約90℃の強酸性の温泉が流れ込んでいる。

114 浄土松公園
じょうどまつこうえん

福島県 郡山市

分断された地層が長い年月で風化して形成された「きのこ岩」が見もの。

112 蕪島のウミネコ
かぶしまのウミネコ

青森県 八戸市

ウミネコの繁殖地として知られる島で、国の天然記念物に指定。3月頃から約3万羽が飛来する。

115 八甲田山
はっこうださん

青森県 青森市

青森市の南にそびえる16の山の総称。スキーの名所として知られ、温泉も多数湧いている。

マイナスイオン
たっぷりの
瑞々しい滝

116

もとたきふくりゅうすい
元滝伏流水

秋田県　にかほ市

冬の間に鳥海山に降り積もった雪は、大量の
雪解け水となって里を潤す。その伏流水が幅
約30mの岩肌を豪快に流れ落ちる涼感満点
のスポット。1日に5万tもの水が湧き出ると
言われている。岩肌に張り付いた苔の緑と水
しぶきのコントラストが美しい。真紅のヤマ
ツツジが彩りを添える5月下旬がおすすめ。

119 銚子大滝

ちょうしおおたき

青森県 十和田市

奥入瀬渓流にある滝のひとつで幅が20mある。魚の遡上を阻むため「魚止の滝」とも呼ばれる。

東北

117 玉簾の滝

たますだれのたき

山形県 酒田市

落差63m、幅5mにわたって絶壁を流れる大瀑布。厳冬期には見事な氷爆が見られる。

118 小又峡の三階滝

こまたきょうのさんかいたき

秋田県 北秋田市

大小の滝がある小又峡の、遊歩道の終点にある高さ20mの滝。岩肌を3段になって流れ落ちる。

120 秋保大滝

あきうおおたき

宮城県 仙台市

名取川上流にある幅6m、落差55mの豪快な滝。日本三名瀑のひとつ。12km下流に秋保温泉がある。

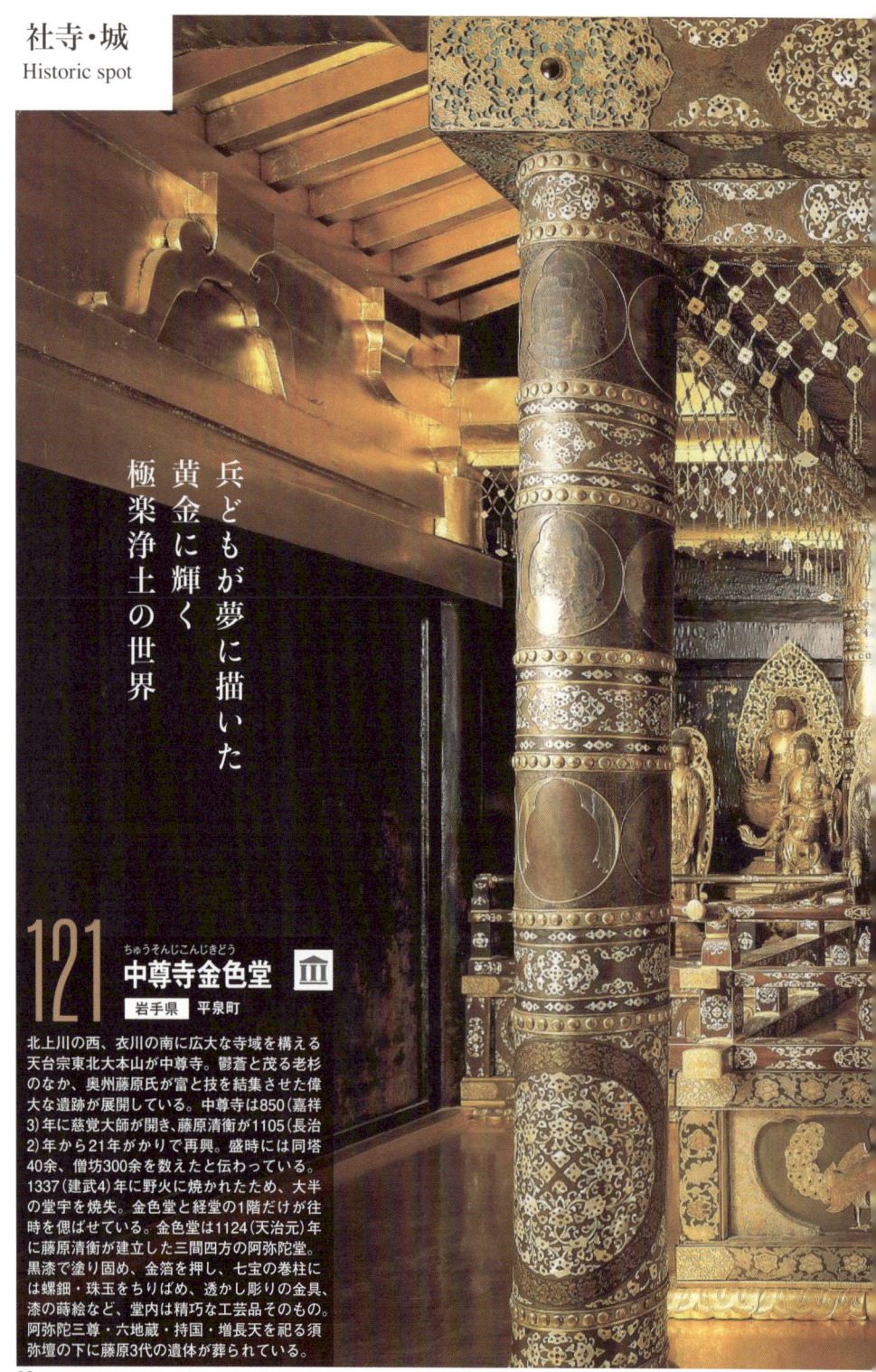

兵どもが夢に描いた
黄金に輝く
極楽浄土の世界

121

ちゅうそんじこんじきどう
中尊寺金色堂 🏛

岩手県　平泉町

北上川の西、衣川の南に広大な寺域を構える
天台宗東北大本山が中尊寺。鬱蒼と茂る老杉
のなか、奥州藤原氏が富と技を結集させた偉
大な遺跡が展開している。中尊寺は850（嘉祥
3）年に慈覚大師が開き、藤原清衡が1105（長治
2）年から21年がかりで再興。盛時には同塔
40余、僧坊300余を数えたと伝わっている。
1337（建武4）年に野火に焼かれたため、大半
の堂宇を焼失。金色堂と経蔵の1階だけが往
時を偲ばせている。金色堂は1124（天治元）年
に藤原清衡が建立した三間四方の阿弥陀堂。
黒漆で塗り固め、金箔を押し、七宝の巻柱に
は螺鈿・珠玉をちりばめ、透かし彫りの金具、
漆の蒔絵など、堂内は精巧な工芸品そのもの。
阿弥陀三尊・六地蔵・持国・増長天を祀る須
弥壇の下に藤原3代の遺体が葬られている。

122 鹽竈神社
しおがまじんじゃ

宮城県　塩竈市

塩竈市の小高い丘「一森山」に鎮座する陸奥国一宮の神社。境内には国の天然記念物の「鹽竈ザクラ」やロウバイなど珍しい植物が見られる。

123 仙台東照宮
せんだいとうしょうぐう

宮城県　仙台市

1654(承応3)年に伊達忠宗が徳川家康を祀って創建。重厚な随身門や本殿など重要文化財指定建造物が並んでいる。なかでも金箔を随所に押したまばゆい唐門が印象的。

124

あかがみじんじゃごしゃどう
赤神神社五社堂

秋田県　男鹿市

鬼が一晩で造ったと言われる999段の石段を上った高台にある5つの社殿。宝永年間（1704〜11）に秋田藩が寄進したもので、5体の鬼が祀られている。

125

もうつうじのじょうどていえん
毛越寺の浄土庭園 🏛

岩手県　平泉町

中尊寺と同じく慈覚大師が開き、藤原2代基衡が壮大な伽藍を建立した古刹。当時の建物は残っていないが、大泉が池を中心にした浄土庭園に華やかなりし時代を感じられる。

126

たかやまいなりじんじゃ
高山稲荷神社

青森県　つがる市

日本海を見渡す屏風山の中腹にあり、曲線を描きながら続く。鳥居をくぐった先に納められた祠とお稲荷さんが並んでいる。

127 瑞鳳殿 (ずいほうでん)

宮城県 仙台市

伊達政宗の遺命によって1637(寛永14)年に建立された政宗の墓所。戦災で焼失したが再建され、2001年に柱の彫刻や屋根瓦を復元し、創建時の姿がよみがえった。

128 立石寺(山寺) (りっしゃくじ(やまでら))

山形県 山形市

860(貞観2)年に慈覚大師が開山した古刹で、「山寺」の名で親しまれている。登山口から奥の院まで約1000段の石段が続き、その間に堂宇や石仏が点在。眺望も抜群だ。

129 国宝 白水阿弥陀堂 (こくほうしらみずあみだどう)

福島県 いわき市

1160(永暦元)年に岩城則道の妻・徳姫が亡夫の供養のため、中尊寺金色堂にならって建立したと伝わる。優雅な建物は、福島県内唯一の国宝建築に指定されている。

130 白石城

宮城県　白石市

仙台藩の南の要衝であり、明治維新まで260余年間、伊達家の重臣片倉家の居城だった。三階櫓（天守閣）と大手一ノ門、大手二ノ門が復元されている。

東北

131 鶴ヶ城公園
つるがじょうこうえん

福島県　会津若松市

会津若松のシンボル鶴ヶ城。幕末の会津戦争の後に解体されたが、1965年に復元。赤瓦をのせた美しい城は創建当初の姿を忠実に再現している。

桜
Cherry blossoms

全山をピンク色に
染め上げる
東北随一の桜の園

132 桜峠
さくらとうげ

オーナー制度によって山の斜面に整然と植樹されたオオヤマザクラが、5月上旬の最盛期には見事な絶景を見せてくれる花名所。2001年の敬宮愛子内親王殿下のご誕生を記念し、翌年から2001本の植樹をしたのが始まり。現在では約3000本にまで増え、山全体をピンク色に染め上げる。山麓と山頂付近では標高が異なるため、長い期間にわたって楽しめるのも魅力。毎年4月下旬からゴールデンウィークにかけて「桜峠さくらまつり」を開催。

東北

133 白石川堤一目千本桜
しろいしかわづつみひとめせんぼんざくら

宮城県 大河原町

残雪の蔵王連峰と白石川の清流を背景に咲き誇る1200本の桜並木。開花期には「桜まつり」が開催され、幻想的なライトアップや屋形船も楽しめる。

134 霞城公園(山形城跡)
かじょうこうえん（やまがたじょうあと）

山形県 山形市

山形城跡を整備した公園。春には約1500本の桜が咲き誇る、県内随一の花見の名所として知られている。お濠や大手門とともにライトアップされる夜桜が見事。

135 桧木内川堤のソメイヨシノ
ひのきないがわづつみのソメイヨシノ

秋田県 仙北市

1934に上皇陛下のご誕生を記念して植えられたもので、川に沿って約2km続く桜のトンネルは見事。国指定の名勝になっている。

136 弘前公園
ひろさきこうえん

青森県 弘前市

高岡城（後に弘前城と改称）の跡を利用した公園。明治末頃から市民が桜を寄贈し、今では全国屈指の桜の名所に。

137 夏井千本桜
なついせんぼんざくら

福島県 小野町

夏井川の両岸5kmにわたって、約1000本のソメイヨシノが咲く。夜はライトアップが行われ、黒い水面に浮かび上がる幻想的な花風景を満喫できる。

138 石割桜
いしわりざくら

岩手県 盛岡市

盛岡地方裁判所の前庭にあるエドヒガンザクラ。周囲23mほどの丸い花崗岩を割って生えており、その生命力に驚かされる。樹齢約400年で、国の天然記念物に指定。

花
Flower

139 刺巻湿原ミズバショウ群生地
さしまきしつげんミズバショウぐんせいち

秋田県 仙北市

広大なハンノキ林の湿原に約6万株のミズバショウが咲く。4月中旬〜5月上旬の花期には「刺巻水ばしょう祭り」が開催される。

140 横浜町の菜の花畑
よこはままちのなのはなばたけ

青森県 横浜町

5月上旬〜6月上旬、約140haの丘陵一面が菜の花の絨毯になる。毎年5月第3日曜には花畑の真ん中で「菜の花フェスティバル」を開催。

141 八津・鎌足のカタクリの群生地
やつ・かまたりのカタクリのぐんせいち

秋田県 仙北市

この地方特産の西明寺栗を栽培する栗林に自生するカタクリで、その規模は東京ドーム約4個分の規模。4月中旬〜5月上旬の開花期のみ一般公開される。

142

とくせんじょうさんのツツジ
徳仙丈山のツツジ

宮城県　気仙沼市

5月中旬～6月上旬にかけて日本最大規模の約50万本のヤマツツジやレンゲツツジが咲き競い、山一面を真っ赤に染める。山頂まではハイキングコースで約30分。

143

こくえいみちのくのもりのこはんこうえん
国営みちのく杜の湖畔公園

宮城県　川崎町

蔵王山麓の裾野、釜房湖畔に広がる東北唯一の国営公園。3つのエリアで四季折々の花が楽しめる。なかでも200万本のポピーは見事。見頃は5月下旬～6月上旬。

144

ひまわりのおか
ひまわりの丘

宮城県　大崎市

約42万本の大輪の花が咲く、日本最大級のヒマワリ畑。花期は8月上旬～下旬。春の菜の花も美しい。

145

ベンセしつげんのニッコウキスゲ
ベンセ湿原のニッコウキスゲ

青森県　つがる市

日本海に面して広がる広さ約23haの湿原。6月上旬には岩木山を背景にニッコウキスゲが咲く。

99

江戸時代そのままの
茅葺きの家並みが
郷愁を誘う

146 大内宿
おおうちじゅく

福島県　下郷町

江戸時代に会津若松城下と今市宿を結ぶ下野街道（会津西街道）の宿場町として栄えた大内宿。それ以前にも、豊臣秀吉が会津平定の帰途に立ち寄ったとも伝わる歴史ある旧宿場町だ。明治以降、鉄道や国道がここを避けて大きく迂回したため昔ながらの景観がそのまま残った。全長450mの通路の両側に、茅葺屋根の民家がほぼ等間隔に並ぶ昔の宿場の原型を留めており、国の重要伝統的建造物群保存地区に指定。どの民家も食事処やみやげ店を商いながら、いまも生活を営んでいる。本陣を復元した「大内宿町並み展示館」があり、昔の生活用具や写真などを多数展示している。

147 銀山温泉

ぎんざんおんせん

山形県　尾花沢市

銀山で働く鉱夫が源泉を発見し、江戸時代から湯治場として栄えた温泉。尾花沢市東部の山間、銀山川を挟んで木造3〜4階建ての大正建築の宿が連なり、温泉街情緒が漂う。

148 酒田の町並み（山居倉庫）

さかたのまちなみ（さんきょそうこ）

山形県　酒田市

明治時代に建てられた土蔵造りの農業倉庫12棟と、ケヤキ並木が美しい風景を見せている。庄内地方の米の保存用倉庫として使われた建物で、現在も多くが現役。

149 角館武家屋敷

かくのだてぶけやしき

秋田県　仙北市

1620(元和6)年にこの地を治めていた芦名義勝によって造られた角館の町並み。黒板塀が連なり、薬医門を構えた堂々たる家が並ぶ武家屋敷通りでは、6棟が内部公開している。

150 なるこきょうとおおふかさわばし
鳴子峡と大深沢橋
宮城県　大崎市

鳴子温泉郷を流れる大谷川にある峡谷で、深さ100mの断崖が大谷橋から大深沢橋まで約2.5kmにわたって続く。猿の手掛け岩、屏風岩といった奇岩が点在する。

151 だいいちただみがわきょうりょう
第一只見川橋梁
福島県　三島町

絶景が点在する秘境ローカル鉄道として人気が高いJR只見線。只見川に架かる全長174mの第一橋梁は沿線唯一のトラス式アーチ橋。川面が水鏡となって幻想的な風景が見られる。

152 つるのまいはし
鶴の舞橋
青森県　鶴田町

岩木山を映す津軽富士湖に架かる、日本一長い三連太鼓橋。全長300mの木造橋は緩やかに曲線を描くアーチや木組みが美しく、背景にそびえる岩木山との競演も見事。

建築
Architecture

153 八郎潟防潮水門
はちろうがただほうちょうすいもん

| 秋田県 | 大潟村 |

かつて琵琶湖に次ぐ国内2番目の大きさを誇った八郎湖を埋め立ててできた干拓地が八郎潟。大きな防潮水門が整然と連なる風景は、自然と人工物が調和した不思議な美しさ。干拓によって生まれた大潟村には、県内唯一のモール温泉や道の駅おおがたがある。道の駅には「大潟村干拓博物館」があり、干拓の歴史について学ぶことができる。

154 尾去沢鉱山
おさりざわこうざん

| 秋田県 | 鹿角市 |

708（和銅元）年に発見されたと伝わり、1978年まで銅や金が採掘された国内最大級の鉱山跡。いまはテーマパークになっていて、製錬場や坑道をガイド付きで見学できる。

人工物と自然が
融合して生まれた
現代の絶景

155 さんないまるやまいせき
三内丸山遺跡
青森県 青森市

約5900〜4200年前の縄文時代
の集落跡。竪穴建物や大型掘立
柱建物などが復元されている。

156 さざえどう
さざえ堂
福島県 会津若松市

内部が2重らせんのスロープにな
っていて、上りと下りで同じル
ートは通らない不思議な構造。

157 岩手銀行赤レンガ館
いわてぎんこうあかレンガかん

岩手県 盛岡市

盛岡市内中心部、中津川に架かる中の橋の東詰に立つ、緑のドームをのせた赤レンガ建築。東京駅と同じ辰野金吾の設計で1911(明治44)年に竣工。

158 會津藩校 日新館
あいづはんこう にっしんかん

福島県 会津若松市

江戸時代に全国に造られた学問所、藩校のなかでも屈指の規模と内容を誇ったとされる。広大な敷地に水泳練習池の水練水馬池、武道場、弓道場などが点在。見学や体験ができる。

159 盛美館

せいびかん

青森県 平川市

盛美園を望む建物で1908(明治41)年築。1階は数寄屋造りの純和風、2階はルネッサンス調の洋風。

162 旧鶴岡警察署庁舎

きゅうつるおかけいさつしょちょうしゃ

山形県 鶴岡市

庄内の建築家・高橋兼吉が1884(明治17)年に建てた擬洋風建築の最高傑作。致道博物館内にある。

160 赤れんが郷土館

あかれんがきょうどかん

秋田県 秋田市

旧秋田銀行本店として1912(明治45)年に完成した国の重要文化財。現在はギャラリー。

163 有栖川宮家の別邸「天鏡閣」

ありすがわのみやけのべってい「てんきょうかく」

福島県 猪苗代町

1908(明治41)年、猪苗代湖畔の美しさに魅せられた有栖川宮威仁親王が建築。内部見学可。

161 秋田県立美術館

あきたけんりつびじゅつかん

秋田県 秋田市

2013年に開館。美しい螺旋階段のエントランスホールや水庭など、建築自体がアートだ。

164 旧弘前市立図書館

きゅうひろさきしりつとしょかん

青森県 弘前市

1906(明治39)年、日露戦争の戦勝記念に建築。1931年まで市立図書館として利用された。

信仰に守られた
聖地に広がる
天空の楽園

がっさんみだがはら
月山弥陀ヶ原

山形県　鶴岡市

修験道の聖地として知られる出羽三山の主峰で標高1984mの月山。8合目まで月山高原ラインが通じ、そこから約2時間30分の登山で山頂へ達することができる。山頂に鎮座する月山神社本宮は延喜式にも記載された格式の高い古社で、多くの人々に厚く信仰されている。弥陀ヶ原は磐梯朝日国立公園になっている8合目付近、標高1400〜1500mに位置する高層湿原。冬は雪に閉ざされるが、6〜8月には高山植物の宝庫となる。チングルマやニッコウキスゲ、ワタスゲが咲き誇り、その景観はまさに天空の楽園だ。草紅葉が湿原全体を赤やオレンジに染める秋も素晴らしい。かつてこの地を訪れた俳聖松尾芭蕉は、弥陀ヶ原で昼食をとった後、月山頂上へ登り「雲の峰　いくつ崩れて　月の山」の句を残した。

東北

166 栗駒山
くりこまやま

宮城県 栗原市

宮城・秋田・岩手の3県にまたがる標高1626mの栗駒山。9月下旬〜10月中旬の紅葉シーズンにはナナカマドやカエデが色付き、火山岩の山肌とのコントラストが美しい。

167 松島
まつしま

宮城県 松島町

260もの島が浮かぶ松島湾は、まるで絵に描いたような美しさ。多島美を一望する展望台が点在し、島々の周囲を巡る遊覧船も発着している。夕暮れ時が最高の風情。

168 楯山公園からの最上川
たてやまこうえんからのもがみがわ

山形県 大江町

JR左沢駅北側の高台にあり、かつてこの地を治めた大江氏の盾山城があったところ。大きく迂回する最上川を眼下に、遠くは朝日連峰や蔵王の山並みが眺められる。

169
くぬぎだいらのたなだ
椹平の棚田
山形県 朝日町

緩やかな斜面に扇状に広がる14ha、208枚の棚田。近くにはヒメサユリが咲く一本松公園があり、そこから周囲の山々や集落が調和した絶景を見渡すことができる。

170
いわてさん
岩手山
岩手県 八幡平市・滝沢市・雫石町

標高2038m、岩手県の最高峰であり、県のシンボルとして親しまれている。その秀麗な姿から「南部片富士」の名で呼ばれる。夏には多くの登山客が訪れる。

171
おおぬま
大沼
秋田県 鹿角市

湖沼が点在する八幡平のなかでも最大の面積をもつ沼。標高944mにあり、ミズバショウやワタスゲなど高山植物の宝庫。秋はダケカンバやナナカマドの紅葉が見事。

雪と氷が
命を吹き込む
奇跡の瞳

八幡平のドラゴンアイ

はちまんたいのドラゴンアイ

秋田県 仙北市

標高1600m付近に無数の湖沼や温泉が点在し、四季折々の景観が美しい八幡平。頂上直下にある鏡沼では、5月下旬〜6月上旬に「ドラゴンアイ」と呼ばれる自然現象が見られる。冬から春にかけて大量の雪解け水が鏡沼に流れ込み、春になると中央部の氷が浮力でもち上がる。さらに暖かくなると中央部から雪が解け始め、次第に龍の目のような形になるというもの。晴れた日には空の青を映し込み、深いブルーの瞳が開眼する。気温や気象条件が整わないと見ることができない絶景だ。沼のあたりには降りることはできないので、見学は遊歩道にある展望台から。

東北

173 鳴子ダム
なるこダム

宮城県 大崎市

江合川上流に1957年に造られた、東北地方初のアーチダム。高さは94.5mあり、8門のクレストゲートから滝のように放流する様子は美しく、迫力も満点。

インゲス・イデー《ゴースト》《アンノウン・マス》
photo：©Sadao Hotta

174 十和田市現代美術館
とわだしげんだいびじゅつかん

青森県 十和田市

「アートを通した新しい体験を提供する開かれた施設」をテーマに開館。ドイツのアートグループによる「ゴースト（写真）」など、スケールの大きい屋外展示が充実している。

175 蔵王エコーラインの雪の回廊
ざおうエコーラインのゆきのかいろう

宮城県 蔵王町

樹氷で知られる蔵王は、冬の積雪が10m以上にもなる豪雪地帯。4月下旬の蔵王エコーライン開通直後には見事な雪の回廊が現れる。回廊に沿って歩くこともできる。

176 加茂水族館
かもすいぞくかん

山形県 鶴岡市

日本海に面した岬にあるクラゲの種類が世界一の水族館。直径5mの水槽「クラゲドリームシアター」ではイルミネーションライトの中、約1万匹のミズクラゲが遊泳し幻想的。

177 宮沢賢治童話村
みやざわけんじどうわむら

岩手県 花巻市

宮沢賢治の童話の世界を再現したテーマパーク。週末には、偏光フィルターとステンドグラスからなるオブジェがライトアップされ、賢治の作品世界を体感できる。

178 歴史公園えさし藤原の郷
りきしこうえんえさしふじわらのさと

岩手県 奥州市

奥州藤原氏が築いた平泉文化を壮大なスケールで再現した歴史公園。初代清衡の居館や政庁などが並ぶ。

181 十六羅漢岩
じゅうろくらかんいわ

山形県 遊佐町

吹浦海禅寺21代寛海和尚が、日本海で亡くなった漁師らの供養のために岩礁に彫った磨崖仏。22体ある。

179 石ノ森萬画館
いしのもりまんがかん

宮城県 石巻市

マンガ家石ノ森章太郎の原画を始め、作品を立体的に表現した展示やアトラクションが人気。

182 佐野原五百羅漢園
さのはらごひゃくらかんえん

山形県 白鷹町

約5000㎡の園内に五百羅漢像や釈迦、十八羅漢などの等身大石仏が並ぶ様子に圧倒される。

180 潮見台
しおみだい

福島県 いわき市

三崎公園にあるビュースポット。海に突き出した展望台は潮風を感じながらスリルも味わえる。

183 報恩寺の五百羅漢
ほうおんじのごひゃくらかん

岩手県 盛岡市

京都の仏師9人の手によって1731（享保16）年頃に制作された。1体ずつ異なる表情や仕草に注目。

184 冷麺
れいめん
岩手県

盛岡のご当地グルメ。朝鮮から伝わり、澄んだ冷たいスープにコシのある麺、上にキムチがのる。

187 大間のマグロ
おおまのマグロ
青森県

津軽海峡で水揚げされる天然の本マグロ。高値で取引されることから「黒いダイヤ」と言われる。

185 はらこ飯
はらこめし
宮城県

秋から冬に水揚げされる天然秋鮭の身とイクラを使った郷土料理。伊達政宗も好物だったとか。

188 はたはた飯寿司
はたはたいずし
秋田県

塩漬けしたハタハタを、麹を混ぜた飯や野菜と一緒に漬け込んだ保存食。正月の伝統料理。

189 きりたんぽ鍋
きりたんぽなべ
秋田県

半殺し米を棒に巻いたたんぽ餅を、比内地鶏スープで煮込む鍋料理。主に秋田北部で食される。

186 どんどん焼き
どんどんやき
山形県

薄く焼いたお好み焼きを箸にぐるぐる巻きにした、山形県民のソウルフード。

COLUMN_02

自然と信仰が息づく
『生まれかわりの旅』

~樹齢300年を超える杉並木につつまれた
2446段の石段から始まる出羽三山~

山形県の中央にそびえる標高414mの羽黒山、1984mの月山、1504mの湯殿山の総称が出羽三山。古くから山岳信仰の対象だった神聖なる山々で、江戸時代に三山を登ることは、現在、過去、未来を巡る「生まれかわりの旅」と言われた。羽黒山は修験の山として知られ、参道の入口にあたる随神門から山頂へ約2km。境内の長い石段を上った先の山頂に、三山の神を祀る三神合祭殿が鎮座している。

はぐろさんごじゅうのとう
190 羽黒山五重塔

山形県　鶴岡市

随神門から羽黒山山頂へは2446段の石段が設けられ、周囲に500本を超える杉の古木が立ち並ぶ神秘的な雰囲気。一の坂の登り口にある幹周り根回り10.5m、幹囲8.25mの巨木は、樹齢1000年を超える「爺スギ」。その先に、高さ29m、三間五層の五重塔がひっそりとたたずむ。今の塔は室町時代に再建されたもので、国宝に指定されている。

日本遺産とは

文化庁が認定した、地域の歴史的魅力や特色を通じて日本の文化・伝統を語るストーリー。

その他の主な構成文化財

はぐろさん
羽黒山　山形県　鶴岡市

はぐろさんのいしだん
羽黒山の石段　山形県　鶴岡市

がっさん
月山　山形県　鶴岡市、西川町、庄内町

がっさんじんじゃ
月山神社　山形県　庄内町

ゆどのさん
湯殿山　山形県　鶴岡市、西川町

関

KANTO

東

茨城
栃木
群馬
埼玉
千葉
東京
神奈川

関東

かんとう

都県別ダイジェストガイド

茨城県　●いばらきけん

太平洋に面した肥沃な大地

関東地方の北東に位置する。県中央部から南西部にかけては関東平野の一部である常総平野が広がり、その中を流れる河川が面積全国1位の利根川となって太平洋に注ぎ込む。

DATA
●県庁所在地：水戸市 ●市町村数：32市・10町・2村 ●面積：6097k㎡ ●人口：約289万人

● 名物・名品

メロン、レンコン、干しいも、納豆は全国一の生産量。納豆菌を付着して束ねた稲わらに煮大豆を包む伝統的製法の「わらつと納豆」が人気。冬場が旬のあんこう鍋も名物。

藁の香りが風味を添えるわらつとに入った小粒納豆

● 名所

水戸徳川家ゆかりの偕楽園や、学園都市ならではの筑波宇宙センターとさまざまな見どころがある。雄大な自然に出合える袋田の滝、霞ヶ浦、四季折々の花々を満喫できる国営ひたち海浜公園なども。

春には丘一面が青く染まる国営ひたち海浜公園のネモフィラ

栃木県　●とちぎけん

自然に恵まれた関東内陸の海なし県

関東地方北部の内陸にある。北部から北西部にかけて奥羽山脈、日光連山、足尾山地など標高1500〜2500mの山が連なる。県中央に位置する宇都宮は北関東最大の都市。

DATA
●県庁所在地：宇都宮市 ●市町村数：14市・11町 ●面積：6408k㎡ ●人口：約195万人

● 名所

中禅寺湖や戦場ヶ原、温泉が豊富な那須高原など。「日光の社寺」として東照宮、日光二荒山神社、日光山輪王寺の2社1寺が世界遺産に登録。

明智平の展望台から見た中禅寺湖と華厳の滝

代表銘柄の「とちおとめ」。12〜6月はイチゴ狩りができる農園も多い

● 名物・名品

生産量日本一のイチゴ、かんぴょう、益子焼や日光彫、結城紬などの伝統工芸品がある。ご当地グルメの宇都宮餃子と佐野ラーメンも人気が高い。

群馬県　●ぐんまけん

ツルのような形の変化に富んだ地形

関東地方の北西に位置し、羽を広げた鶴のような形と言われ、東のツルの頭から胸あたりにかけての平地に前橋市を含む主要都市がある。県境には2000m級の山岳地帯がある。

DATA
●県庁所在地：前橋市 ●市町村数：12市・15町・8村 ●面積：6362k㎡ ●人口：約196万人

● 名物・名品

小麦栽培が盛んなことから上州名物の焼きまんじゅうなど、小麦粉を使った名物が多い。「高崎だるま」は文化年間に作られたのが始まり。

年間約170万個が生産されている「高崎だるま」

● 名所

本州最大の湿原といわれる尾瀬ヶ原や奥四万湖などの自然以外にも、世界文化遺産の「富岡製糸場と絹産業遺産群」などが人気の見どころ。

尾瀬ヶ原。正面は標高2228mの至仏山

埼玉県 ●さいたまけん

7都県と隣接する東京のベッドタウン

首都圏の一角をなし、市の数40は全国最多、都道府県別人口は全国第5位。県内を流れる川の数も日本一多く、水辺にも恵まれている。県西部の秩父地域には自然が広がる。

DATA
●県庁所在地：さいたま市 ●市町村数：40市・22町・1村 ●面積：3797㎢ ●人口：約731万人

●名物・名品

江戸木目込人形、岩槻人形、織物の秩父銘仙の伝統工芸品がある。うなぎの蒲焼き発祥地と言われる浦和のうなぎ料理、狭山茶も美味。

硬めでパリッとした食感の草加せんべい

●名所

世界最大級の放水路施設の首都圏外郭放水路は話題のスポット。川越の町並み、東日本最大のさきたま古墳公園は定番人気。秩父夜祭りも有名。

レトロな蔵造りの建物が立ち並ぶ川越の町並み

千葉県 ●ちばけん

海や里山が広がる房総半島の国際都市

関東の南東側に位置し、南部は東と南を太平洋に、西は東京湾と三方を海に囲まれている。平野と丘陵が県土の大半を占め、海抜500m以上の山がない日本で唯一の都道府県。

DATA
●県庁所在地：千葉市 ●市町村数：37市・16町・1村 ●面積：5157㎢ ●人口：約624万人

●名所

大山千枚田は千葉を代表する里山の風景。フォトスポットとして人気なのは鋸山や江川海岸の海原電線、旅情豊かなローカル線の小湊鉄道など。

東洋のドーバーと呼ばれる屏風ヶ浦の雄大な眺め

県内有数の生産量を誇る八街（やちまた）のピーナッツ

●名物・名品

イワシやハマグリなどの海産物、野田や銚子の醤油が有名。全国の約7割を生産する落花生は、とりたてを塩茹でした「茹で落花生」もある。

関東

東京都 ●とうきょうと

日本の首都で世界最大のメガシティ

政治・経済・文化の中心。世界で最も人口が多い都市だ。関東平野の南に位置し東京湾に面するが、伊豆諸島と「東洋のガラパゴス」と呼ばれる小笠原諸島を含む。

DATA
●都庁所在地：新宿区 ●市町村数：26市・5町・8村 ●面積：2193㎢ ●人口：約1372万人

●名所

歴史、文化、自然の多彩な見どころがある。上野の国立西洋美術館は「ル・コルビュジエの建築作品」で世界文化遺産、小笠原諸島は世界自然遺産。

保存復元工事を終えた東京駅の丸の内駅舎

江戸時代から現代に受け継がれる「江戸切り子」

●名物・名品

伝統工芸品では江戸切り子、東京七宝、江戸漆器、江戸木目込人形など。佃島の佃煮、浅草の人形焼きや芋ようかん、雷おこしなど名物いろいろ。

神奈川県 ●かながわけん

ふたつの湾に面した見どころの宝庫

東京大都市圏の一角をなし、人口は東京都に次ぐ全国2位。東は東京湾に面し、西は丹沢山地で山梨県、箱根山地で静岡県と接する。南は相模湾に面し三浦半島が突き出している。

DATA
●県庁所在地：横浜市 ●市町村数：19市・13町・1村 ●面積：2416㎢ ●人口：約915万人

●名物・名品

横浜、鎌倉、江の島、箱根と名所が多く、新しいところでは川崎の工場夜景が話題。芦ノ湖や富士山の雄大な眺めや、芸術が楽しめる箱根も人気。

夜景も美しい横浜みなとみらい21

●名所

鎌倉彫、箱根寄木細工が有名。小田原の蒲鉾、三崎のマグロ、湘南の生シラス（春）も定番。鎌倉の「鳩サブレ」など老舗和洋菓子も豊富だ。

横浜中華街の中華饅頭はおみやげとしても人気

関東エリア 絶景リスト

［全140カ所］

INDEX 191-330

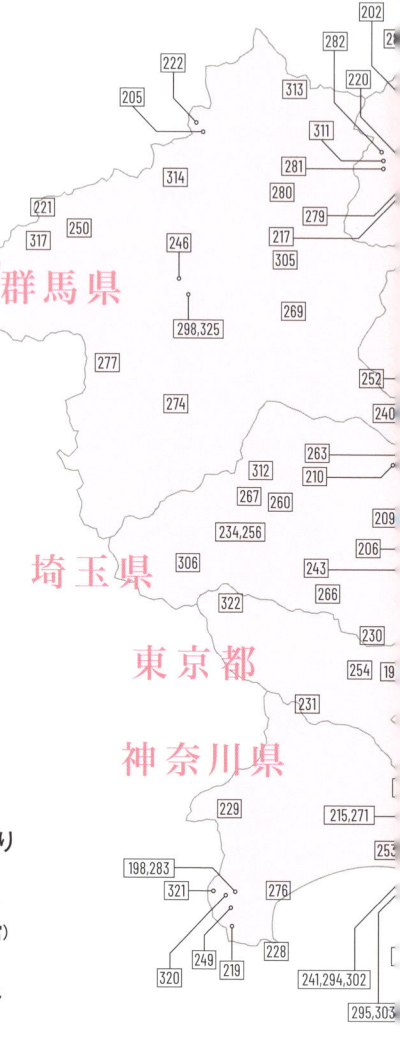

群馬県
埼玉県
東京都
神奈川県

栃木県

茨城県

千葉県

伊豆諸島

父島

小笠原諸島

母島

関東

191 チームラボボーダレス

東京都　江東区

森ビルとチームラボが共同で運営する《地図のないミュージアム》チームラボボーダレスは、オープン以来話題のミュージアム。延べ面積1万㎡の広大な空間にアート集団「チームラボ」の作品群を5つの世界で構成し、約60作品を展示している。コンセプトは「境界のない1つの世界の中で、さまよい、探索し、発見する」。アート空間に身体ごと没入し、作品に影響を与え、異なる美が生まれる。作品と作品、作品と鑑賞者との境界がないアートを見るだけでなく、さまよい、探索しながら体験するミュージアムだ。写真の作品「人々のための岩に憑依する滝」は、壁から流れ落ちる滝が岩にあたり広がっていく様子をプロジェクションマッピングで表現したもの。壁や床など一面に水が流れて花が咲き、包み込んでくれるような不思議な感覚を体験できる。

境界のない世界で
五感を使ってアートを感じる
地図のないミュージアム

［人々のための岩に憑依する滝（チームラボ）

192 首都圏外郭放水路
しゅとけんがいかくほうすいろ

埼玉県 春日部市

埼玉県の東部、国道16号の地下約50mに造られた全長約6.3kmの放水路。雨天などで増水した中小河川の水を取り込み、トンネルを通して江戸川に排出する役割を担っている。写真の調圧水槽は地下トンネルから流れてきた水の勢いを弱め、スムーズに流すための巨大プール。ギリシャのパルテノン神殿のような柱と空間の壮大さから地下神殿とも呼ばれる。

193 サンシャイン水族館
サンシャインすいぞくかん

東京都　豊島区

屋外のマリンガーデンにある「天空のペンギン」。真横や真下からも眺められるダイナミックな展示で、まるでビル群の上空を飛び交うように泳ぐケープペンギンに出合える。

194 マクセル アクアパーク品川
マクセル アクアパークしながわ

東京都　港区

品川プリンスホテル内にある都市型水族館。ライトアップされたクラゲの水槽が幻想的な「ジェリーフィッシュランブル」は、音と光の織りなす癒しの空間として人気。

195 亀岩の洞窟

かめいわのどうくつ

千葉県 君津市

洞窟に差し込む太陽の光が水面に反射して
ハート型を描く神秘的な光景が話題。見る
ことができるのは3月と9月の彼岸時期の早
朝のみ。自然豊かな清水渓流広場内にある。

196 江川海岸（海原電線）

えがわかいがん（うなばらでんせん）

千葉県 木更津市

海原電線は海上にあるアサリ密漁監視小屋へ
の送電用。海岸から海上に電柱が林立する様
が幻想的で、特に海面に電柱や夕日が映り込
む夕暮れは独特の風情がある。

197 アートビオトープ那須 水庭

アートビオトープ なす みずにわ

栃木県　那須町

建築家・石上純也氏による「建築としての庭」。318本の樹木を移植し、160個の池をモザイクのように点在させた、五感を刺激する新しい風景は息をのむような美しさ。

写真提供　株式会社コキシモ

198 彫刻の森美術館

ちょうこくのもりびじゅつかん

神奈川県　箱根町

自然と芸術の調和を目指して造られた日本初の野外美術館。ガブリエル・ロアール作「幸せをよぶシンフォニー彫刻」は、らせん階段を上ると箱根の山々が一望できる展望台。

199 井の頭恩賜公園

いのかしらおんしこうえん

東京都　武蔵野市・三鷹市

園内にある井の頭池は、歌川広重の「名所江戸百景」にも描かれた景勝地。近年、数回のかいぼりの成果で水の透明度が上がり、水草も再生。絵画のような美しい景観に。

関東

200 牛久大仏
うしくだいぶつ

茨城県　牛久市

高さ120mで奈良の大仏も掌にのる巨大さ。青銅製立像としては世界最大でギネスブック認定。

203 鋸山
のこぎりやま

千葉県　鋸南町・富津市

房総半島の西岸にある切り立つ岩山。突き出した岩山の先端にある「地獄のぞき」は絶景。

201 大谷石地下採掘場跡・大谷資料館
おおやいしちかさいくつじょうあと・おおやしりょうかん

栃木県　宇都宮市

1919年から約70年間、大谷石を採掘した広さ約2万㎡、深さ30mの地下空間。資料館も併設。

204 豪徳寺
ごうとくじ

東京都　世田谷区

招き猫発祥の地とも言われ、境内には心願成就の礼として奉納された招き猫が約1000体並ぶ。

202 日光霧降高原の天空回廊
にっこうきりふりこうげんのてんくうかいろう

栃木県　日光市

2018年完成の新名所。レストハウスから展望台まで高低差240mの道を1445段の階段でつなぐ。

205 土合駅
どあいえき

群馬県　みなかみ町

下り線ホームが、標高差約70m、486段の階段を下りた地下要塞のようなトンネル内にあるモグラ駅。

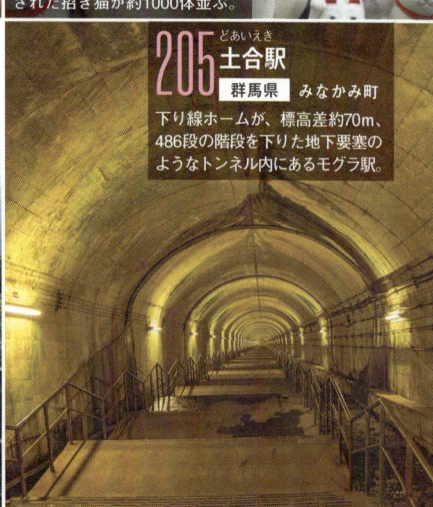

206 鉄道博物館
てつどうはくぶつかん

埼玉県　さいたま市

実物車両が36両並ぶ「車両ステーション」が見どころ。屋外を含めると41両の車両に出合える。

209 吉見百穴
よしみひゃくあな（ひゃっけつ）

埼玉県　吉見町

古墳時代後期の横穴墓群。岩山表面から数mの小穴を掘って造られた219基の集合墳墓。

207 富津岬展望台
ふっつみさきてんぼうだい

千葉県　富津市

東京湾に突き出た岬の最先端に立つ。東京湾や三浦半島、晴れた日は富士山まで望める。

210 さきたま古墳公園
さきたまこふんこうえん

埼玉県　行田市

市街地から南東へ約1kmの場所に9基の大型古墳が集まる。稲荷山古墳などは登頂もできる。

208 筑波宇宙センター
つくばうちゅうセンター

茨城県　つくば市

1972年、日本の宇宙開発事業の拠点として開設。ロケット広場には本物のH-Ⅱロケットがある。

211 まんだら堂やぐら群
まんだらどうやぐらぐん

神奈川県　逗子市

鎌倉七口の名越切通にある鎌倉時代中期から室町時代末期の墓。発掘調査中で公開は期間限定。

大都会の夜空に
華やかさを添える
東京のランドマーク

212 東京スカイツリー
とうきょうスカイツリー

東京都 **墨田区**

大都会・東京ならではの大パノラマを味わう
なら、東京スカイツリーは外せない存在。日
本古来の技と最新技術に支えられ、高さ634
mと自立式電波塔として世界一。大空に向
かって伸びる大きな木をイメージしたスタイ
リッシュなシルエットは、伝統的日本建築に
みられる「そり」や「むくり」を意識したも
のだ。池袋の超高層ビル60階にある「SKY
CIRCUSサンシャイン60展望台」から東方
向を望めば、光の大海原のなかにそびえ立つ
東京スカイツリーの姿が見える。その光景は
黄昏時もロマンチックだが、淡いブルーの
「粋」、江戸紫の「雅」、橘色を基調とした
「幟」の日替わりのライティングと季節ごと
に変わるライトアップは格別だ。

213 東京タワー

（とうきょうタワー）

東京都　港区

独特の美しいフォルムと存在感で都心のビル群にあっ
てもひと際目を引く東京タワー。1989年からは180個
のライトをタワーにあてるライティングに変わり、カ
ラーも冬は温かみのあるオレンジ、夏は涼しげな白を
基調としている。期間限定、20〜22時の2時間のみの
「ダイヤモンドヴェール」では17段ある光の階層が7
色に光り輝き、夜空を美しく彩る。

214 川崎工場夜景

かわさきこうじょうやけい

神奈川県　川崎市

川崎の臨海部に広がる京浜工業地帯には、数多くの工場が集積。製油所、化学工場、製鉄所などの明かりが輝く。「日本触媒千鳥工場」がある千鳥町を始め、東扇島、浮島、水江町、扇町などから工場夜景が楽しめる。

関東

215 横浜 みなとみらい21

よこはまみなとみらい21

神奈川県　横浜市

新港地区と関内を結ぶ万国橋からは、横浜ランドマークタワーを中心とした、みなとみらい21の夜景が一望できる。運河の水面に反射する様子も美景。

216 東京国際フォーラム

とうきょうこくさいフォーラム

東京都　千代田区

斬新で近代的な外観とその内部は、昼と夜では表情が変化し、夜のライトアップでより芸術的な空間に。7階まであるガラスのアトリウム「ガラス棟」は開放的な空間。ガラスの向こうに夜景が広がる。

四季折々の自然を映す
男体山と中禅寺湖を望む
一大パノラマ

218 新宿御苑
しんじゅくぎょえん
東京都 新宿区

高層ビルが並ぶ都心に広がる敷地58.3ha
の広大な庭園。フランス式整形庭園やイギ
リス風景式庭園、日本庭園が巧みに配され、
春は1300本の桜が咲き誇る。

217 中禅寺湖
ちゅうぜんじこ

栃木県　日光市

奥日光の入口に位置する中禅寺湖は、約2万年前に男体山の噴火によってできた湖。海抜1269mの高さを誇る。半月山展望台からは雄大な男体山を背景に中禅寺湖、遠くには戦場ヶ原や龍頭ノ滝までを一望する、日光屈指の絶景を堪能できる。10月中〜下旬は、赤や黄色と鮮やかに色付く紅葉が見事。

219 芦ノ湖と富士山
あしのことふじさん

神奈川県　箱根町

箱根ターンパイクの大観山展望台からは、芦ノ湖を眼下に夕焼けに染まる美しい富士山を眺められる。晩秋から早春にかけての早朝は雲海に浮かぶ富士が見られることも。

220 いろは坂
<ruby>いろはざか</ruby>

栃木県　日光市

下りと上りを合計すると48カ所もの急カーブがあることから名付けられた観光道路。日本屈指の紅葉スポットで、車中から山麓に広がる紅葉を楽しめる。

221 渋峠
<ruby>しぶとうげ</ruby>

群馬県　中之条町

長野県　山ノ内町

白根山と横手山の間を通る国道にある渋峠は、標高2172mで日本国道最高地点。ここから見る群馬県側の芳ヶ平湿原はまるで絵画のような美しさ。早朝には雲海が見られることもある。

222 谷川岳 一ノ倉沢
たにがわだけ いちのくらさわ

群馬県 みなかみ町

日本三大岩壁のひとつ。秋は紅葉と雪渓、夏は残雪と緑で彩られた荒々しい谷川岳の雄姿を望める。絶景を望む一ノ倉沢出合まで徒歩約3km。

223 茶臼岳
ちゃうすだけ

栃木県 那須町

標高1915m。那須連山に位置する噴煙を上げる活火山。秋は山麓に色鮮やかな紅葉の絨毯が広がり山肌と好対照をなす。9合目までロープウェイで行ける。

224 大山千枚田
おおやませんまいだ

千葉県 鴨川市

房総半島の中央、大山ふもとの急傾斜地に大小375枚の棚田が連なる。日本の原風景ともいえる、どこか懐かしい里山の景観。

225 六義園
りくぎえん

東京都 文京区

創設者の譜代大名、柳澤吉保の文化的造詣の深さを反映した、繊細な日本庭園。中の島が浮かぶ池を樹林が囲み、古典や和歌に詠まれた景観88カ所が再現されている。

226 偕楽園
かいらくえん

茨城県 水戸市

1842年に水戸藩主によって造園された300haもの敷地を誇る日本三名園のひとつ。早春には約100種、3000本の梅が咲く梅の里として有名。

227 浜離宮恩賜庭園
はまりきゅうおんしていえん

東京都 中央区

海水を導き、潮の満ち引きによって趣が変わる潮入の池とふたつの鴨場をもつ、江戸時代を代表する大名庭園。水面に映える橋や御茶屋など風趣に富んだ景観が見もの。

228 三ツ石海岸
<small>みついしかいがん</small>

神奈川県 真鶴町

真鶴半島の先端の沖あいに3つの巨大な岩が突き出ている不思議な海岸。約15万年前に噴出した溶岩でできていて、大潮の干潮時には先端まで歩いて行くことができる。

関東

229 丹沢湖
<small>たんざわこ</small>

神奈川県 山北町

三保ダムの建設によりできた人造湖で、ボート遊びや湖畔でのキャンプなどが楽しめるレジャースポット。展望台からは青い丹沢湖の向こうに富士山が眺められる。

231 高尾山
<small>たかおさん</small>

東京都 八王子市

年間250万人以上が訪れる人気スポット。山頂からは「富士見百景」に選ばれた富士を眺望。

230 狭山湖（山口貯水池）
<small>さやまこ（やまぐちちょすいち）</small>

埼玉県 所沢市・入間市

県立自然公園に囲まれた人造湖で、夏の森林浴など一年を通じて豊かな自然の情景を楽しめる。

祭り
Festival

数百発の花火が
秋の夜空を彩る
幻想的な風景

232
つちうらぜんこくはなびきょうぎたいかい
土浦全国花火競技大会
茨城県　土浦市

大曲、長岡と並び「日本三大花火大会」のひとつ。毎年10月に開催され、会場となる桜川畔には大勢の見物客が集まる。1925年から続く歴史と伝統があり、全国の花火師たちが日本一をかけて技術を競う、国内最高峰の大会でもある。約2万発もの花火が打ち上がり、数百発の花火を連射する「スターマイン」や、土浦花火づくし（ワイルドスターマイン）が見もの。

233 隅田川花火大会
すみだがわはなびたいかい

東京都　墨田区

江戸川区花火大会とともに東京二大花火大会のひとつで、東京の夏の風物詩。7月最終土曜、浅草と向島の隅田川近辺2カ所から約2万発の花火が打ち上げられる。

234 秩父夜祭
ちちぶよまつり

埼玉県　秩父市

秩父の総社、秩父神社の例大祭。日本三大曳山祭のひとつで、毎年12月2・3日に開催される。夜は笠鉾や屋台に明かりが灯され、囃子の太鼓の音が響き渡る。

235 酉の市(花園神社大酉祭)

とりのいち（はなぞのじんじゃおおとりさい）

東京都 新宿区

新宿大鳥神社の御祭神、日本武尊の命日である11月の酉の日に行われる祭り。開運招福や商売繁盛を願う熊手を売る露店が並び、威勢のいい掛け声や手締めの音が深夜まで響き渡る。いまでは珍しい昔ながらの見世物小屋が登場するのは花園神社ならでは。年により一の酉から二の酉まで、あるいは三の酉まで行われ多くの人々で賑わう。

144

236 ふかがわはちまんまつり
深川八幡祭り
東京都　江東区

富岡八幡宮で8月に行われる例祭で江戸三大祭のひとつ。特に3年に1度の本祭では、50基を超える大神輿が富岡八幡宮前に並ぶ、連合渡御の壮観な光景が見られる。職人による細やかな飾り金具が見事な、元禄時代の黄金大神輿を復活させた「御本社神輿」は豪華絢爛で見応えがある。富岡八幡宮から約8kmを一周し、永代橋を過ぎたあたりからから始まる水掛は、担ぎ手と観客が一体となって盛り上がる。

237 さんじゃまつり(あさくさじ...
三社祭(浅草?
東京都 台

浅草神社の祭りで、5月
日曜に開催。最終日に行...
社神輿各町渡御では、神...
た3基の本社神輿が浅草...
繰り出し、境内を埋め尽...
たちが担ぎ棒を奪い合う...

238 かつうらビッグひなまつり
かつうらビッグひな祭り
千葉県 勝浦市

市内各所に約3万体のひな人形が飾られ、町
はひな祭り一色に。浜勝浦の遠見岬神社の
60段の石段には約1800体のひな人形が並び
壮観だ。2月下旬〜3月3日に開催。

239 ひたちふうりゅうもの
日立風流物
茨城県 日立市

日立市に伝わる民俗芸能。高さ約
15m、幅5〜7mの巨大な5層の山
車に仕掛けられたからくり人形が
演じる芝居が見もの。4月上旬の
「日立さくらまつり」や7年に一度の
「神峰神社大祭礼」で披露される。

240 こいのぼりの里まつり
（こいのぼりのさとまつり）

群馬県 館林市

市内5カ所で大小5000匹を超える鯉のぼりが泳ぐ壮観な眺めに出合える。メイン会場は3000匹を掲揚する鶴生田川。3月下旬からGW最終日まで。

241 流鏑馬神事（鶴岡八幡宮）
（やぶさめしんじ（つるがおかはちまんぐう））

神奈川県 鎌倉市

鎌倉武士さながらの狩装束に身を包んだ射手が、疾走する馬の上から3つの的を射抜く。毎年9月の例大祭において9月16日に執り行われる。

242 佐原の大祭
（さわらのたいさい）

千葉県 香取市

佐原の市街地で行われる「八坂神社祇園祭」（7月）と「諏訪神社秋祭り」（10月）の総称。佐原囃子の調べにのって、高さ〜5mの大人形をのせた10台もの山車が曳き回される。

江戸の城下町の
賑わいを伝える
蔵造りの建物

243 川越
蔵造りの町並み

かわごえ くらづくりのまちなみ

埼玉県 | 川越市

川越は、「世に小京都は数あれど、小江戸は川越ばかりなり」とうたわれた蔵造りの町並みが残るエリア。江戸へ周辺の農作物を舟で運んだ帰りに、雑貨や小間物とともに江戸文化を持ち帰ったため、早くから「小江戸」文化が根付いた。現在の蔵造りの多くは川越大火後の明治時代に建てられたもの。類焼を防ぐための耐火対策がなされた江戸の町屋形式として発展した。「陶舗やまわ」（原家住宅）を始め、国の重要文化財に指定されている「大沢家住宅」など、黒漆喰の壁に重厚な蔵造りの商家が軒を連ねている。江戸時代初期から時を告げてきた「時の鐘」、趣のある路地裏、行き交う人力車など、散策しながら楽しめる見どころも多い。昔ながらの風情漂う菓子屋横町や、レトロな建築が数多く残る「大正浪漫夢通り」も訪れたい。

関東

244 浅草仲見世
あさくさなかみせ

東京都　台東区

雷門をくぐると現れる浅草寺の表参道。国内外の観光客で賑わう約250mの粋な町並み。

245 益子陶器市
ましことうきいち

栃木県　益子町

販売店約50店舗と、約500のテントが立ち並ぶ大人気の陶器市。毎年春と秋に開催される。

246 伊香保温泉の石段
いかほおんせんのいしだん

群馬県　渋川市

365段の石段は伊香保温泉のシンボル。饅頭屋や射的場が並び、古き良き温泉情緒が漂う。

247 蔵の街と「うずまの鯉のぼり」
くらのまちと「うずまのこいのぼり」

栃木県　栃木市

蔵の町、うずまの町なかを流れる川沿いに、約1000匹の鯉のぼりが吊るされる春の風物詩。

248 水郷佐原
すいごうさわら

千葉県　香取市

水郷の情緒漂う水郷佐原あやめパークでは、毎年5〜6月に「あやめ祭り」を開催。400種150万本の花菖蒲が咲く園内を小舟で巡ることができる。

250 <ruby>草津温泉<rt>くさつおんせんのゆばたけ</rt></ruby>の湯畑

群馬県　草津町

草津温泉のシンボル、湯畑。湯けむりのなか毎分約3200ℓもの強酸性の温泉が湧き出している。

249 <ruby>箱根旧街道石畳<rt>はこねきゅうかいどういしだたみ</rt></ruby>

神奈川県　箱根町

江戸時代初期に石畳に整備された、畑宿から芦ノ湖畔までの箱根越えの道。当時の面影を伝える。

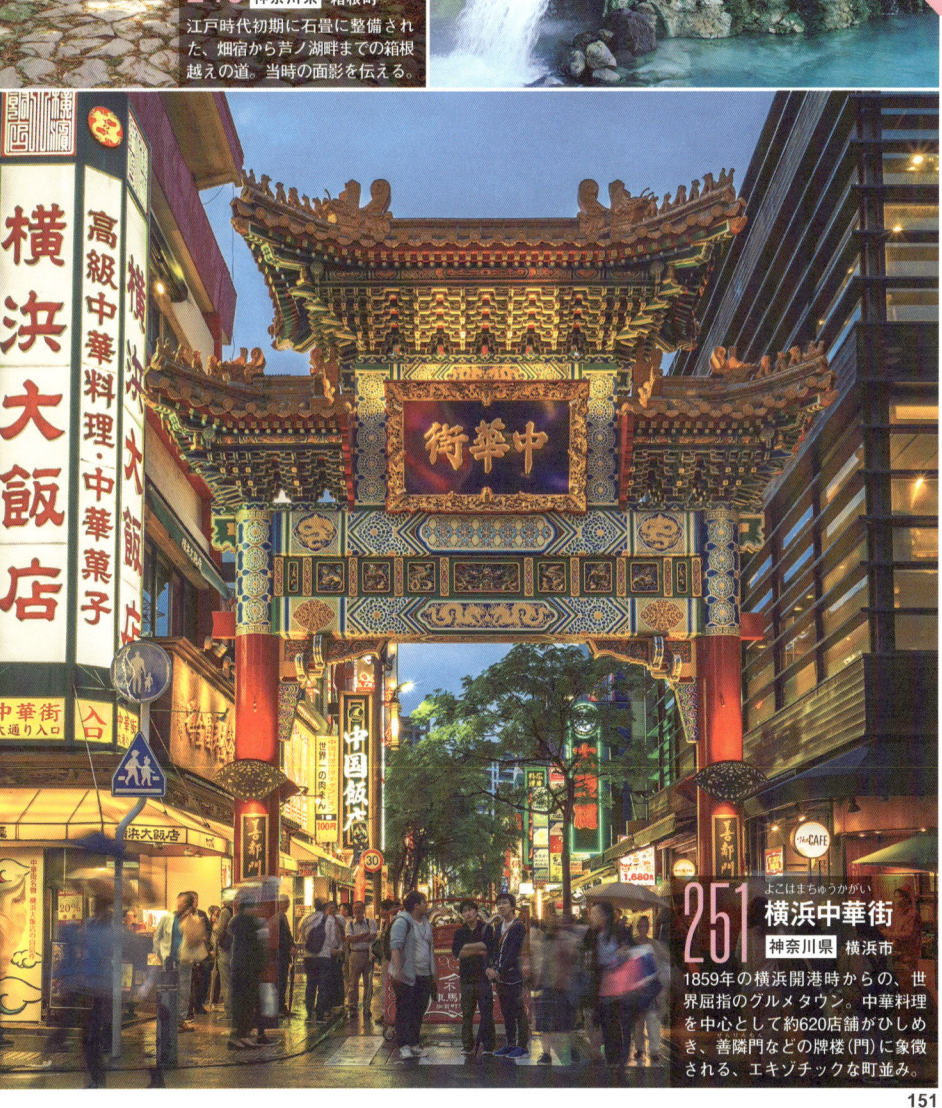

251 <ruby>横浜中華街<rt>よこはまちゅうかがい</rt></ruby>

神奈川県　横浜市

1859年の横浜開港時からの、世界屈指のグルメタウン。中華料理を中心として約620店舗がひしめき、善隣門などの牌楼（門）に象徴される、エキゾチックな町並み。

花
Flower

幻想的な美しさと生命力で
観るものに感動を与える
樹齢150年の大藤

252 あしかが フラワーパーク

あしかが フラワーパーク

栃木県 足利市

四季折々の花で彩られる花の楽園。シンボルは大藤で、樹齢150年を超える「奇蹟の大藤」として多くの人に親しまれている。約9万4000㎡ある広大な園内には8つのテーマが設けられ、早春は200基の雪囲いと冬咲き牡丹、春の花まつりでは2万球のチューリップとユキヤナギなど、季節感あふれる風景に出合える。4月中旬からの「ふじのはな物語〜大藤まつり〜」の期間は、600畳敷の大藤棚と世界でも珍しい八重の大藤棚、80m続く白藤のトンネルなど、350本以上のフジが咲き誇る。1カ月間にうす紅、紫、白、黄色と花の色が移り変わる様子も見事。10月下旬から2月初旬は優美なイルミネーションの競演も楽しめる。

253
めいげついんのアジサイ
明月院のアジサイ

神奈川県　鎌倉市

境内を埋め尽くすように咲く、約2500株のアジサイから、「あじさい寺」とも呼ばれる。ヒメアジサイという品種で、その美しく澄んだ色彩は「明月院ブルー」と称される。開花は6月上旬〜下旬。

254
こくえいしょうわきねんこうえん
国営昭和記念公園

東京都　立川市・昭島市

東京ドームの約40倍という敷地は緑にあふれ、春は約1500本の桜からチューリップ、ポピーと続く開花リレーが見事。秋は首都圏最大級550万本のコスモスが満開に。

255 あけぼの山農業公園
あけぼのやまのうぎょうこうえん

千葉県 柏市

風車がシンボルの公園。チューリップは1万2000㎡の畑に毎年違ったデザインで16万球が植えられ、4月中旬が見頃。夏のヒマワリ、秋のコスモスと四季折々の花が楽しめる。

256 羊山公園 芝桜の丘
ひつじやまこうえん しばざくらのおか

埼玉県 秩父市

秩父市街地を一望できる羊山公園の広大な敷地を埋め尽くす花の絨毯。9種40万株以上のシバザクラの植栽面積は約1万7600㎡。開花は4月中旬から5月上旬。

257 那須フラワーワールド
なすフラワーワールド

栃木県 那須町

那須高原にある観光農園型の植物園。季節の花々と那須連峰の絶景を楽しめる。5月中旬はチューリップ、10月はコスモスが満開に。開園期間は4〜10月頃。

258 国営ひたち海浜公園
こくえいひたちかいひんこうえん

茨城県　ひたちなか市

開園面積215haの広大な園内は7つのエリアに分かれ、四季折々の花の観賞やレジャーが楽しめる。春に咲く約450万本のネモフィラは、緩やかに波打つ「みはらしの丘」全体を青い色で埋め尽くす。丘からは海も見渡せ、海と空と花が青のハーモニーを奏でる。見頃は4月中旬〜5月上旬。ネモフィラの後はコキアが植えられ、夏の緑のコキア、秋の真っ赤なコキアいずれも美しい。

259 権現堂堤（県営権現堂公園）
ごんげんどうつつみ（けんえいごんげんどうこうえん）

埼玉県　幸手市

約1000本のソメイヨシノが1kmにわたり咲き誇る関東屈指の桜の名所。周辺の菜の花とのコントラストが美しい。6月はアジサイ、9月はヒガンバナも楽しめる。

関東

260 秩父高原牧場 天空のポピー
ちちぶこうげんぼくじょう てんくうのポピー

埼玉県　皆野町

標高500mの高原に咲く1500万本のポピーは「天空の
ポピー」と呼ばれ、青空がその美しさを引き立てる。
見頃は5月下旬〜6月上旬で、5月中旬からは「ポピー
まつり」を開催。

261 水郷潮来あやめ園
すいごうおたこあやめえん

茨城県 潮来市

約1.3haの園内では約500種100万株の、色鮮やかなアヤメを栽培。見頃は6月中旬。5月下旬〜6月下旬にあやめまつりが開催され、手漕ぎの「る舟」も運航する。

262 目黒川の夜桜
めぐろがわのよざくら

東京都 目黒区・品川区

池尻大橋駅付近から東急目黒線下の亀の甲橋まで約3.8kmにわたる、ソメイヨシノを中心とした約800本の桜並木。中目黒駅近辺では川岸から桜がアーチ状に川を覆う。

263 古代蓮の里
こだいはすのさと

埼玉県 行田市

世界中から集めた42種12万株の多種多様なハスが育つ。行田蓮とも呼ばれる古代蓮の花は大振りで濃い桃色の色彩が幻想的。見頃は6月中旬〜8月上旬。

264 旧古河庭園

きゅうふるかわていえん

東京都 **北区**

ジョサイア・コンドル設計の西洋庭園を彩る約100種200株のバラ。見頃は5・10月各中旬。

267 美の山公園

みのやまこうえん

埼玉県 **皆野町**

山頂から秩父連山や赤城山、日光連山が望める景勝地。アジサイの見頃は6月下旬～7月中旬。

265 服部農園あじさい屋敷

はっとりのうえんあじさいやしき

千葉県 **茂原市**

300種、1万株以上のアジサイが、山の斜面を埋め尽くす。開園は6月1日～7月上旬。

268 赤城南面千本桜

あかぎなんめんせんぼんさくら

群馬県 **前橋市**

約1.3kmにわたる道の両側に樹齢60年近い桜が約1000本。満開時には見事な桜のトンネルに。

266 巾着田のヒガンバナ

きんちゃくだのヒガンバナ

埼玉県 **日高市**

高麗川沿いにある日本屈指のヒガンバナ群生地。最盛期には真紅の絨毯を敷き詰めたような光景に。

269 小湊鐵道と菜の花

こみなとてつどうとなのはな

千葉県 **市原市**

小湊鉄道の養老渓谷駅～上総大久保駅間は、3月下旬～5月上旬にかけて菜の花が咲き、花のなかを走る列車が見られる。

関東

271 横浜赤レンガ倉庫
よこはまあかレンガそうこ

神奈川県 横浜市

明治末期から大正初期に国の模範倉庫として建てられた歴史的建造物が、ショッピング施設やイベント広場として復活。夜間はライトアップが楽しめる。

270 東京駅
とうきょうえき

東京都　千代田区

JRと東京メトロが乗り入れ、商業施設、ホテルなどが集まる。2012年に丸の内駅舎の保存・復原工事が完了し、近代建築の父・辰野金吾の設計による約100年前の姿がよみがえった。シンボルであった南北のドームや大鷲のレリーフなどの細部も復原。赤レンガ駅舎の趣あふれるたたずまいと、近代的な高層タワーのコントラストも美しい。

創建当時の姿で
人々を迎える
東京の玄関口

272 迎賓館赤坂離宮
げいひんかんあかさかりきゅう

東京都　港区

1909(明治42)年に建てられた、国内唯一のネオ・バロック様式による宮殿建築。国王や大統領などの国賓を迎える迎賓施設で、本館や庭園は見学できる。

273 皇居
こうきょ

東京都 千代田区

1869(明治2)年より歴代の天皇陛下が住まう。1日2回の参観ツアーがあり、庭園の皇居東御苑は一般公開。正門から宮殿へ続く二重橋は、新年の一般参賀で渡ることができる。

274 富岡製糸場
とみおかせいしじょう

群馬県 富岡市

1872(明治5)年に建てられた日本初の官営器械模範製糸場。主要な建物は創業当初の状態で保存され、ユネスコの世界文化遺産に登録。巨大な繭倉庫や女工館がある。

275 野木町煉瓦窯
のぎまちれんががま

栃木県 野木町

正式名称は「旧下野煉化製造会社煉瓦窯」。1890(明治23)〜1971(昭和46)年に赤煉瓦を生産し、日本の近代化に貢献。創業からほぼ変わらない原型が残る。

276 小田原城
（おだわらじょう）

神奈川県　小田原市

15世紀中頃に築城。後に戦国大名の北条氏の居城となり、日本最大の中世城郭へ発展した。歴史資料を展示する天守閣や常盤木門、NINJA館が見どころ。

関東

277 めがね橋（碓氷第三橋梁）
（めがねばし（うすいだいさんきょうりょう））

群馬県　安中市

長さ91m、高さ31mを誇る、国内最大の煉瓦アーチ橋。通称「めがね橋」として親しまれている。現在は鉄道廃線を生かした遊歩道となり、橋の上を歩ける。

278 国会議事堂
（こっかいぎじどう）

東京都　千代田区

1936（昭和11）年に完成。美しい御影石の建物が「白亜の殿堂」として賞賛された。向かって左側が衆議院、右側が参議院。本会議場や中央広間は見学可能。

滝
Waterfall

279

けごんのたき
華厳ノ滝

栃木県　日光市

第2いろは坂の上にある明智平から
は、中禅寺湖の水が高さ97mの岸壁
を流れ落ちる迫力満点の姿を楽しむ
ことができる。華厳滝エレベーター
で下った観瀑台からは、水しぶきを
上げる滝壺が目の前。新緑が美しい
5月を始め、イワツバメが飛び交う
6月、滝全体が紅葉に包まれる9月
中旬〜11月下旬など、年間を通し
て美しい景色を堪能できる。

高さ97mの岸壁を
真っ直ぐに流れ落ちる
日本三名瀑

280 吹割の滝
ふきわれのたき

群馬県 沼田市

高さ7m、幅30mの滝で、巨大な岩盤が水で吹き割れたように見えるのが名前の由来。片品川の清流が轟々と落下する姿を間近で見ることができる。

281 竜頭ノ滝
りゅうずのたき

栃木県 日光市

華厳の滝とともに日光を代表する滝。巨岩によってふたつに分かれた流れが龍の頭を思わせる。

283 千条の滝
ちすじのたき

神奈川県 箱根町

蛇骨渓谷の上流にある滝で、高さ約3m、幅約20m。幾筋もの水が苔むした岩肌を流れる。

284 袋田の滝
ふくろだのたき

茨城県 大子町

高さ120m、幅73mの日本三名瀑のひとつ。水が4段に流れる様子から、「四度の滝」とも呼ばれる。

282 湯滝
ゆだき

栃木県 日光市

三岳溶岩流の岩壁、高さ70mから流れ落ちる長さ110mの滝。滝壺近くに観瀑台がある。

橋
Bride

285 レインボーブリッジ
東京都　港区

都心と臨海副都心を結ぶ全長798mの吊り橋。首都高速
11号台場線や新交通ゆりかもめが通るほか、無料で通行
できる約1.7kmの遊歩道・レインボープロムナードが整
備されており、目の前に広がるウォーターフロントの景
色を楽しめる。お台場海浜公園からはもちろん、遊覧船
や水上バスに乗って東京湾から眺めるのも人気だ。

286 りゅうじんおおつりばし 竜神大吊橋
茨城県　常陸太田市

渓谷が広がる竜神ダムに架か
る。全長375mで、歩行者専用
の橋としては国内最大級。

287 とねおおぜき 利根大堰
埼玉県　行田市
群馬県　千代田町

利根川の流れを12の門扉で制御
する堰。緑のヘルシーロードを歩
きながら、景観を楽しめる。

関東

288 とうきょうゲートブリッジ
東京ゲートブリッジ
東京都　江東区

江東区若洲と中央防波堤外側埋立地を結ぶ2618mの橋。遊歩道から都心や富士山が見える。

289 せとあいきょう
瀬戸合峡
栃木県　日光市

鬼怒川上流にある渓谷で、高さ100mの岸壁が約2km続く。渡らっしゃい吊橋から眺められる。

トルコのモスクを忠実に再現した小さな異国空間

290 東京ジャーミイ
とうきょうジャーミイ

東京都 渋谷区

2000年に建てられた国内最大規模のイスラム教寺院。トルコの職人によるアラビア語のカリグラフィーやステンドグラスなど、伝統的な意匠が見事。

291 国立西洋美術館
こくりつせいようびじゅつかん

東京都 台東区

フランスの建築家ル・コルビュジエの設計で世界遺産。セザンヌやゴッホなどの作品約4500点を収蔵。

292 水戸市立西部図書館
みとしりつせいぶとしょかん

茨城県 水戸市

建築界の芥川賞と言われる「吉田五十八賞」を受賞した建物。吹き抜け部の壁面書架が印象的。

写真は公

293 日光東照宮

にっこうとうしょうぐう

栃木県 日光市

世界文化遺産「日光の社寺」の構成資産で、江戸幕府初代将軍の徳川家康を神として祀る。国宝の陽明門など55棟の建造物があり、極彩色の彫刻は豪華絢爛。

294 鶴岡八幡宮

つるがおかはちまんぐう

神奈川県 鎌倉市

1063（康平6）年に、源頼義が京都の石清水八幡宮を由比ヶ浜辺に祀ったのが始まり。国指定重要文化財の本宮（上宮）や若宮があり、大石段の上からは鎌倉の町を一望できる。

295 <ruby>杉本寺<rt>すぎもとじ</rt></ruby>

神奈川県 鎌倉市

鎌倉三十三観音霊場の第一番札所。行基が開山したと伝えられ、源頼朝が奉納した十一面観音が安置される。本堂に続く苔の石段は通行禁止。

296 <ruby>神磯の鳥居<rt>かみいそのとりい</rt></ruby>

茨城県 大洗町

海岸沿いに立つ大洗磯前神社の鳥居のひとつ。神が降り立った地とされ、太平洋の荒波が岩礁で散る様が神々しい。太平洋から上る朝日に照らされる鳥居も美しい。

297 <ruby>浅草寺<rt>せんそうじ</rt></ruby>

東京都 台東区

創建は飛鳥時代にさかのぼり、江戸時代には徳川幕府の祈願所でもあった古刹。「浅草の観音さま」と親しまれ、雷門、本堂、五重塔など見どころが多数ある。

298 水澤寺
みずさわでら

群馬県 渋川市

別名「五徳山 水澤観世音」。六角堂には回転する六地蔵尊がある。

301 崖観音（大福寺）
がけかんのん（だいふくじ）

千葉県 館山市

船形山大福寺にある朱塗りの観音堂。山の中腹に浮かぶように立ち、「崖観音」と呼ばれる。

299 明治神宮
めいじじんぐう

東京都 渋谷区

明治天皇と昭憲皇太后を祀る。2019年10月にミュージアムが開館。

302 鎌倉大仏殿高徳院
かまくらだいぶつでんこうとくいん

神奈川県 鎌倉市

法然上人を開祖とする寺院。高さ11.3mの国宝銅造阿弥陀如来坐像は鎌倉大仏として有名。

300 大谷寺
おおやじ

栃木県 宇都宮市

地獄谷と呼ばれる自然の要塞に立つ。弘法大使の作と伝わる日本最古の石仏・大谷観音や平和観音は必見。

303 報国寺の竹林
ほうこくじのちくりん

神奈川県 鎌倉市

1334（建武元）年創建で、鎌倉三十三観音霊場第十番札所。本堂裏に竹林があり、「竹の寺」と呼ばれる。

関東

自然・名物
Nature・Local food

亜熱帯の島々で
ダイナミックな
自然に触れる

304

おがさわらしょとう
小笠原諸島 🏛

東京都　小笠原村

東京からはるか1000km離れた洋上にあり、父島、母島を含む大小30の島々からなる。年間を通して亜熱帯気候で、固有の動植物が独自に進化。2011年にユネスコの自然遺産に登録された。「ボニンブルー」と呼ばれる青く澄みきった海でのホエールウォッチングが人気で、1～4月中旬は島の近くでザトウクジラと出合えることも。クジラの潮吹きが見られる三日月山展望台（父島）や、スノーケリングが楽しめる南崎（母島）、夏になるとアオウミガメが産卵に訪れる南島など、各島で手つかずの自然に触れられる。島へは定期船やクルーズ船でアクセスできる。

305 赤城大沼のアイスバブル
あかぎおおぬまのアイスバブル

群馬県 前橋市

赤城大沼は赤城山の山頂にあるカルデラ湖で標高1310m。気温が氷点下になる厳冬期は湖面が凍結し、水中の気泡が氷に封じ込まれる自然現象、アイスバブルが見られる。

306 三十槌の氷柱
みそつちのつらら

埼玉県 秩父市

岩肌に滲み出る湧水が凍った天然の氷柱で高さ約8m、幅約30m。見頃は1月中旬〜2月中旬。氷柱見台から見学でき、期間中は祭りやライトアップも実施される。

307 裏砂漠
うらさばく

東京都 大島

地図に砂漠と表記される国内唯一の場所で、黒い火山岩が三原山の東側一帯を覆う。

308 赤崎遊歩道
あかさきゆうほどう

東京都 神津島

海岸沿いの道で、入江を泳ぐカラフルな熱帯魚やサンゴが見られる。夏は海水浴も可能。

309 泊海水浴場
とまりかいすいよくじょう

東京都 式根島

式根島北端にある扇型の入江を生かした海水浴場で、ターコイズブルーの海と白い砂浜のコントラストが美しい。水深が浅く波穏やかで、夏は家族連れで賑わう。

310 青ヶ島の二重カルデラ
あおがしまのにじゅうカルデラ

東京都 青ヶ島

有人島としては伊豆諸島最南端の青ヶ島。島は断崖に囲まれた二重カルデラで、外輪山の最高地点、標高423mの大凸部からは、中央にある内輪山が望める。

311 戦場ヶ原
せんじょうがはら

栃木県 日光市

奥日光に広がる日本有数の湿原。350種類に及ぶ植物や、多くの野鳥が見られる。

312 長瀞
ながとろ

埼玉県 長瀞町

長瀞玉淀自然公園に指定。結晶片岩が広がる岩畳の散策や、渓谷を舟で行く長瀞ラインくだりが人気。

313 尾瀬ヶ原 <small>おぜがはら</small>

| 群馬県 | 片品村 |
| 福島県 | 檜枝岐村 |

尾瀬国立公園の標高1400mに広がる日本最大級の湿原。5月下旬〜6月上旬に、湿原から顔を出すミズバショウの群落が見られる。写真は中田代から望む至仏山の眺め。

314 奥四万湖 <small>おくしまこ</small>

| 群馬県 | 中之条町 |

四万温泉の奥に位置する、コバルトブルーに輝くダム湖。湖を囲むように広葉樹林が広がり、秋の紅葉も格別。桝の広場など、周辺の公園に見晴台が設置されている。

315

<ruby>屏風ケ浦<rt>びょうぶがうら</rt></ruby>

千葉県　銚子市・旭市

銚子市名洗町から隣の旭市刑部岬まで、高さ約50mの絶壁が約10km続く。壮大なスケールは「東洋のドーバー」と呼ばれ、映画やドラマにもたびたび登場。

関東

316

<ruby>九十九里浜<rt>くじゅうくりはま</rt></ruby>

千葉県　旭市・いすみ市

刑部岬と太東埼の間に66kmにわたって広がる、日本最大級の砂浜海岸。海水浴場が点在し、サーフィンの聖地としても名高い。ハマグリの名産地としても知られる。

317

<ruby>草津白根山の湯釜<rt>くさつしらねさんのゆがま</rt></ruby>

群馬県　草津町

標高2160mの山頂にある直径300m、水深30mの火口湖。エメラルドグリーンの湖水を展望所から眺められる。11月中旬〜4月下旬の冬季、及び火山活動の状況により閉鎖。

318 渡良瀬遊水地
わたらせゆうすいち

茨城県 土浦市ほか

茨城県古河市の北西にあり、周辺3県にまたがる日本最大の遊水池。緑豊かな湿地が広がる。

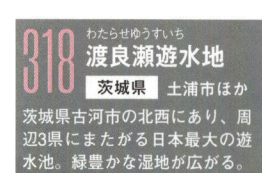

319 磯原二ツ島海水浴場
いそはらふたつしまかいすいよくじょう

茨城県 北茨城市

磯原海岸のシンボルの二ツ島の型がゾウに似ていると話題。夏は海水浴客で賑わう。

320 大涌谷
おおわくだに

神奈川県 箱根町

自然研究路から噴煙を上げる火山活動を間近に見られる。噴火警戒レベルにより立入禁止となる。

321 仙石原
せんごくはら

神奈川県 箱根町

台ヶ岳の斜面に広がるススキ草原は、黄金色に輝く秋が見頃。金時山や乙女峠も見渡せる。

322 日原鍾乳洞
にっぱらしょうにゅうどう

東京都 奥多摩町

関東随一の規模を誇る。ガマ岩や天井知らずなどがある洞穴内を、約40分かけて巡れる。

323 霞ヶ浦
かすみがうら

茨城県 土浦市

国内で2番目に広い湖で、150種類の野鳥やワカサギが生息。夏は観光帆曳船が運航する。

324 あんこう鍋
（あんこうなべ）

茨城県

茨城県を代表する冬の味覚。肝が肥大する12〜2月が旬で、野菜と一緒に煮込んで食べる。

327 宇都宮餃子
（うつのみやぎょうざ）

栃木県

戦後からある宇都宮市のご当地グルメ。野菜が多めなのが特徴。各店趣向を凝らした味が楽しめる。

325 水沢うどん
（みずさわうどん）

群馬県

約400年前に水澤寺で参拝者に振るまわれたのが起源。日本三大うどんのひとつで、麺は太め。

328 はかりめ丼
（はかりめどん）

千葉県

「はかりめ」と呼ばれる富津市名産のアナゴ。ふわっとした身の食感と甘辛ダレが合う。

326 もんじゃ焼き
（もんじゃやき）

東京都

水溶きした小麦粉に魚介や肉、野菜などを加え、鉄板で焼いて食べる東京の下町、月島名物。

329 江戸前寿司
（えどまえずし）

東京都

江戸時代後期に誕生した、東京湾の魚介をネタにした握り寿司。生魚にひと手間加えるのが江戸前の特徴。

COLUMN _ 03

鎮守府
横須賀・呉・佐世保・舞鶴

〜日本近代化の躍動を体感できるまち〜

330

さるしまほうだいあと(とうきょうわんようさいあと)
猿島砲台跡(東京湾要塞跡)

神奈川県 横須賀市

猿島砲台跡は東京湾要塞の一部として1884(明治17)年に完成。フランス積の技法を駆使したレンガ造りで砲台を含む軍施設が建設された。猿島は現在、猿島公園として整備され砲台跡巡り、バーベキューや海水浴などが楽しめる。

明治になると日本は欧米列強に対抗するため、富国強兵により近代国家を目指し、防衛力強化に力を注ぐ。海の防備を高めるために、横須賀(神奈川)、呉(広島)、佐世保(長崎)、舞鶴(京都)の4つの港に海軍の本拠地である鎮守府を配置。周辺海域の防衛体制を整えるため、海軍諸機関が建てられ、インフラの整備が進み、小さな港は近代的な軍港へと変わっていった。いまもそれらの港には旧造船所、通信施設、軍港を守る陸軍の砲台跡などが残り、軍港として栄えた様子を知ることができる。

日本遺産とは

文化庁が認定した、
地域の歴史的魅力や特色を通じて
日本の文化・伝統を語るストーリー。

その他の主な
構成文化財

舞鶴赤れんがパーク1号棟〜5号棟 >> P.297
よこやまほうだいあと
横山砲台跡 京都府 舞鶴市
きゅうくれちんじゅふしれいちょうかんかんしゃ
旧呉鎮守府司令長官官舎 広島県 呉市
きゅうくれかいぐんこうしょうとうどけい
旧呉海軍工廠塔時計 広島県 呉市
ひらせれんがそうこぐん
平瀬煉瓦倉庫群 長崎県 佐世保市

甲信越

KOSHINETU

新潟
山梨
長野

甲信越

こうしんえつ

県別ダイジェストガイド

長野県 ●ながのけん

「信州」と呼ばれる
山に囲まれた県

東西120km、南北は約210kmあり、標高3000m級の日本アルプスに囲まれた海のない県。市町村数は77あり、長野市のある北部、松本市のある中部、飯田市がある南部に大きく分けられる。

DATA
●県庁所在地：長野市 ●市町村数：19市・23町・35村 ●面積：1万3561k㎡ ●人口：約207万人

● 名物・名品

南北に長く標高差もあるため、地域により名産品は異なる。そば、リンゴ、ブドウ、モモなどが有名。漆器やわっぱなど伝統工芸品も多くある。

ほう葉巻きは木曽の郷土菓子。餡入り米粉餅をホオの葉で巻いて蒸す

● 名所

穂高連峰や白馬三山などの北アルプスや、中央アルプスの山岳景観を仰ぎ見る、上高地や八方池は人気の景勝地。渓谷や湖、木曽路や北国街道の宿場町など、多彩な見どころがある。

中央アルプスの宝剣岳を望む千畳敷カール

新潟県 ●にいがたけん

日本海に面して
細長くのびる

日本海に面し、沖に佐渡島が浮かぶ。内陸は2000m級の山岳地帯が県境を成す。上越・中越・下越と佐渡の地方に分けられ、中央部の広大な平野部に新潟市がある。

DATA
●県庁所在地：新潟市 ●市町村数：20市・6町・4村 ●面積：1万2584k㎡ ●人口：約226万人

● 名所

海のイメージが強い新潟県だが、5県と接する県境には飯豊山地、飛騨山脈などの山が連なる。昔ながらの里山や伝統集落が残り、温泉も多い。

断崖が連なる尖閣湾は佐渡屈指の景勝地

笹だんごはよもぎ団子を笹の葉でくるんで蒸した郷土菓子

● 名物・名品

米どころとして知られる新潟は日本酒の名産地。「柿の種」「笹だんご」など、米の加工品や菓子もいろいろある。

山梨県 ●やまなしけん

甲府盆地から望む
富士山と北岳

南に富士山、西に富士山に次ぐ標高3193mの北岳を有する南アルプス、北に奥秩父の山々がそびえ、中央に甲府盆地が広がる。本州のほぼ中央に位置する内陸県で、河川が多い。

DATA
●県庁所在地：甲府市 ●市町村数：13市・8町・6村 ●面積：4465k㎡ ●人口：約82万人

● 名物・名品

甲府盆地の東部はブドウの栽培が盛んで「葡萄畑が織りなす風景」として日本遺産に登録。山梨産ワインは国産ワインとして人気が高い。

ブドウ農園では秋のシーズン中はブドウ狩りも

● 名所

富士山がそびえ、裾野に富士五湖が散らばる山梨。湖越しに富士山が眺められるスポットが観光の目玉。広大なガーデンも人気がある。

富士吉田市の新倉山浅間公園からの富士山

甲信越エリア絶景リスト

［全65カ所］

INDEX
331-395

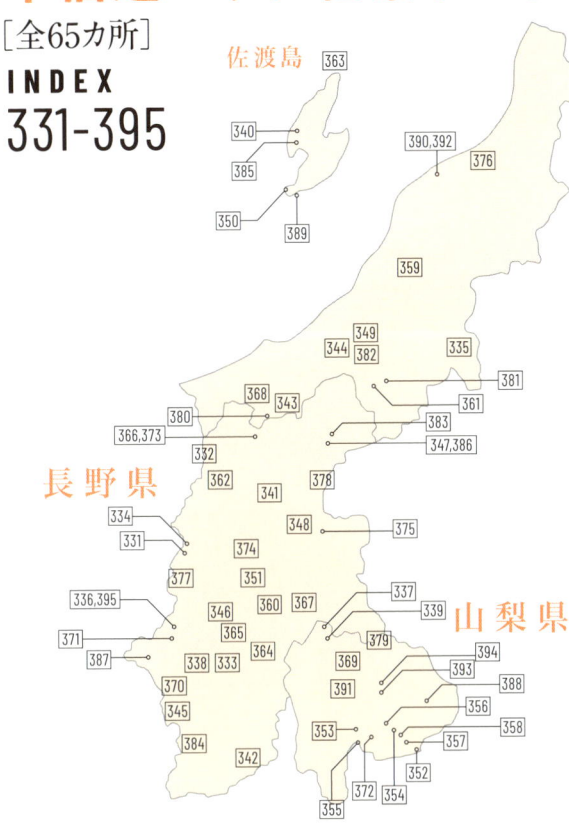

佐渡島

新潟県

長野県

山梨県

331 上高地

かみこうち

長野県 松本市

清らかな梓川の流れの先に扇のように立ちはだかる穂高連峰は、上高地を象徴する風景。左から標高2909mの西穂高岳、3190mの奥穂高岳、3090mの前穂高岳が大パノラマで広がる。梓川沿いの標高1500mに位置する上高地は、1896（明治29）年にイギリス人宣教師ウォルター・ウェストンの著書で世界に紹介され注目を集める。登山道が整備され、日本初の山岳リゾートして開発が進んだ。1933年には上高地ホテル（現・上高地帝国ホテル）が開業。ホテルから徒歩20分の河童橋は、梓川にかかる長さ約36mの吊り橋で上高地のシンボル。付近からは春は残雪をまとった山、夏は鮮やかな緑、秋は紅葉といつ訪れても美しい景色が楽しめる。上高地へは通年マイカーが規制されているため、指定された駐車場からシャトルバスを利用。最寄り駅からもシャトルバスが運行している。

北アルプスの代表
穂高連峰の
ビュースポット

甲信越

333 千畳敷カール

せんじょうじきカール

長野県 駒ヶ根市

氷河に削られたできたカールの向こうに、
宝剣岳など3000m近い山々を望む。1周約
40分の遊歩道の周りは高山植物に彩られ、
秋は山肌を染める紅葉が美しい。

332 八方池と白馬八方尾根

はっぽういけとはくばはっぽうおね

長野県　白馬村

ゴンドラリフトとクワッドリフトを乗り継いで、一気に標高1830mの八方池山荘へ。山荘から白馬三山、五竜岳、鹿島槍ヶ岳などを望む八方尾根自然研究路を1時間30分ほど登ると、標高2060mの八方池に到着。風がない日は池に白馬三山が映り込む美しい景色が広がる。周辺には多くの高山植物が自生し、6～7月にはユキワリソウがあたり一面に咲く。

334 涸沢カール

からさわカール

長野県　松本市

上高地から徒歩約6時間でたどり着く涸沢カールは、標高3110mの涸沢岳を正面に望むカール地形。涸沢ヒュッテ、涸沢小屋、テント場があり、夏は登山客で賑わう。

335 枝折峠の滝雲

しおりとうげのたきぐも

新潟県　魚沼市

奥只見湖で発生した雲海が山を下る、滝雲が見られることで有名な標高約1000mの峠。雲海や滝雲の発生は気象条件によるが、秋の早朝が確率が高い。冬季は道路閉鎖。

336 開田高原と御嶽山

かいだこうげんとおんたけさん

長野県　木曽町

山岳信仰の山、御嶽山は標高3067mの独立峰。山麓には木曽馬やそばの産地、開田高原が広がる。

338 寝覚の床

ねざめのとこ

長野県　上松町

木曽八景に数えられる景勝地。木曽川の浸食による花崗岩の独特な地形。浦島太郎伝説が残る。

337 美し森展望台からの八ヶ岳

うつくしもりてんぼうだいからのやつがたけ

山梨県　北杜市

八ヶ岳の主峰、赤岳の東尾根にある標高1542mの美の森。八ヶ岳や南アルプスの展望も。

339 八ヶ岳高原大橋

やつがたけこうげんおおはし

山梨県　北杜市

川俣川渓谷に架かる高さ100m、全長490mの黄色いトラス橋。正面に八ヶ岳連峰が眺められる。

342 下栗の里
しもぐりのさと

長野県 飯田市

山の尾根に張り付くように拓かれた集落。耕作地ではそばを栽培。日本のチロルと称される。

340 尖閣湾
せんかくわん

新潟県 佐渡島

約3kmの海岸に5つの小さな湾がある。海食によりできた30mほどの断崖が続く。

343 妙高高原いもり池
みょうこうこうげんいもりいけ

新潟県 妙高市

池の平温泉にある周囲500mの池で、妙高山を水面に映す。かつてイモリがいたことが名の由来。

341 姨捨の棚田
おばすてのたなだ

長野県 千曲市

千曲川を見下ろす斜面に広がる約1800枚の棚田。「田毎の月」といわれる月の映り込みが美しい。

344 星峠の棚田
ほしとうげのたなだ

新潟県 十日町市

標高339mの星峠にある大小200枚の棚田。さまざまな風景を映す水鏡と早朝に発生する雲海が幻想的。

江戸時代の面影を
色濃く残す
木曽路の宿場町

345
妻籠宿
<ruby>つまごじゅく</ruby>
長野県　南木曽町

江戸と京を結ぶ中山道69次のうち、木曽路にあった11の宿場町は「木曽11宿」と呼ばれた。そのひとつの妻籠宿は、中山道と伊那街道が交差する交通の要衝として栄え、江戸時代には30を超える旅籠があったという。当時の建物を保存した町並みは1976年、全国で最初の重要伝統的建造物保存地区に選ばれた。宿場内には禁令や法度を掲示した高札場、本陣、脇本陣奥屋、道路を直角に曲げた枡形などの見どころのほか、古い家屋を利用したみやげもの屋や飲食店などが並んでいる。2里（約8km）離れた隣の馬籠宿へは、昔の街道を歩くハイキングコースがある。

346 奈良井宿
ならいじゅく

長野県　塩尻市

妻籠宿と同じく「木曽11宿」のひとつ。か
つては「奈良井千軒」と言われたほど建物
が並び旅人で賑わった。約1kmにわたり、
両側から張り出す軒先が特徴的。

347 渋温泉
しぶおんせん

長野県　山ノ内町

1300年の歴史のある温泉で、源泉の数、
泉質ともに豊富。温泉街の旅館と外湯は源
泉掛け流し。宿泊すると9つの外湯を巡る
ことができる。写真は「歴史の宿金具屋」。

348 海野宿
うんのじゅく

長野県 東御市

軽井沢と長野を結んだ北国街道の宿場町
として栄えた。約650mの通りには江戸時
代の用水路が残り、格子戸やうだつのあ
る約100棟の歴史的建造物が立ち並ぶ。

甲信越

349 荻ノ島環状集落
おぎのしまかんじょうしゅうらく

新潟県 柏崎市

新潟県南西部に位置。茅葺き屋根の民家
が田んぼを囲んで環状に立ち並ぶ、日本
の原風景が残された貴重な集落。宿泊施
設として利用できる2棟の古民家もある。

350 宿根木
しゅくねぎ

新潟県 佐渡島

佐渡金山や北前船で栄えた港に発達した
集落。船大工が築いた板張りの民家100
棟以上が迷路のような路地を挟んで密集
する。重要伝統的建造物群保存地区。

富士山
Mt.Fuji

雲海に浮かぶ
富士山を望める
絶景スポット

351 高ボッチ高原
たかボッチこうげん

長野県 岡谷市・塩尻市

八ヶ岳中信高原国定公園内にある、標高1665mの高ボッチ山の傾斜に広がる高原。南アルプスの山並み、諏訪湖の向こうに富士山のシルエットが望める360度の大展望。雲海に浮かぶ富士山が見られるのは9～12月頃の早朝。なお、高ボッチ高原に至る道路は冬季閉鎖。6月上～中旬にはレンゲツツジが高原一帯を赤く染め、初夏から秋にかけては牛が放牧される。

352 山中湖パノラマ台
やまなかこパノラマだい

山梨県 山中湖村

山中湖の東側、三国峠への途中にある人気の展望スポット。山中湖の向こうにそびえる富士山の美しい姿が眺められる。特にあたり一面が赤く染まる夕暮れ時は幻想的。

353 しょうじこ
精進湖
山梨県　富士河口湖町

精進湖の北にある他手合浜から望む富士山
は、手前に大室山が見えることから「子持
ち富士」「子抱き富士」と呼ばれる。大室
山の手前には青木ヶ原の樹海が広がる。

354 新倉山浅間公園
あらくらやませんげんこうえん

山梨県 富士吉田市

五重塔（忠霊塔）と桜と富士山の、絵に描いたような景色が望める場所。約650本のソメイヨシノが満開となる3月下旬〜4月中旬にかけて「桜まつり」が開催される。

355 富士芝桜まつり
ふじしばざくらまつり

山梨県 富士河口湖町

白、ピンク、紫など8種類、80万株のシバザクラが作り出すパッチワークと、大きな富士山の眺めが楽しめる。開催期間は開花状況により、4月中旬〜5月下旬。

356 大石公園
おおいしこうえん

山梨県 富士河口湖町

河口湖畔にある代表的な富士山の展望スポット。湖畔の遊歩道には四季折々の花が咲く。

357 山中湖花の都公園
やまなかこはなのみやここうえん

山梨県 山中湖村

富士山を背景に、ポピー、ヒマワリ、百日草、コスモスなど春から秋まで花が咲く。

358 忍野八海
おしのはっかい

山梨県 忍野村

富士山の伏流水に水源を発する出口池、鏡池など8つの湧水池の総称。世界遺産「富士山」の構成資産のひとつ。澄みきった池や、青い水をたたえた池は神秘的だ。かつては富士山信仰の巡礼地として、8つの池で身を清めてから富士山に登ったと言う。茅葺き屋根の建物は、忍野村最古の古民家を利用した「榛の木材資料館」。敷地内に忍野八海のひとつ底抜池がある。

甲信越

祭り・花
Festival・Flower

359 長岡まつり
ながおかまつり

新潟県 長岡市

1945（昭和20）年8月1日の長岡空襲と、2004年の新潟県中越大震災の慰霊と復興を願って8月2・3日に開催。信濃川の河川敷から打ち上がり、名物は直径650mの「正三尺玉」。

361 つなん雪まつり
つなんゆきまつり

新潟県 津南町

日中は雪上での体験型イベント、夜は約2000個のスカイランタンが夜空に舞い上がる。3月上旬開催。

360 諏訪湖祭湖上花火大会
すわこまつりこじょうはなびたいかい

長野県 諏訪市

毎年8月15日、湖上から4万発もの花火が打ち上げられる。水上スターマインや、全長約2kmのナイアガラが見もの。

362 なかつなこ（にしなさんこ）
中綱湖（仁科三湖）
長野県　大町市

仁科三湖は農具川でつながる青木湖、中綱湖、木崎湖の総称。中間にある中綱湖は周囲約2.2kmと最も小さく、4月下旬〜5月上旬に咲くオオヤマザクラを湖面に映す。

甲信越

363 おおのがめ
大野亀
新潟県　佐渡島

佐渡島の外海府海岸に突き出す、標高167mの一枚岩。岩の上には約50万株100万本のトビシマカンゾウが群生し、5月下旬〜6月上旬にかけて見頃を迎える。

364 たかとおじょうしこうえん
高遠城址公園
長野県　伊那市

約1500本のタカトオコヒガンザクラが咲く桜の名所。見頃は4月上旬〜中旬。

365 あかそばのさと
赤そばの里
長野県　箕輪町

伊那高原にあり、9月中旬〜10月上旬にかけて赤そばの花がルビー色の絨毯のようになる。

杉並木を歩いて
神話の伝わる五社を巡る

366
とがくしじんじゃおくしゃさんどうのすぎなみき
**戸隠神社
奥社参道の杉並木**

長野県　長野市

戸隠山の山麓、深い緑のなかにある古くからの霊場。全部で五社からなり、奥社へは約2kmの参道を歩いて行く。途中にある随神門の先には、天然記念物に指定されている杉並木が500mにわたって続き、樹齢約400年のクマスギの大木が約300本、真っ直ぐに立ち並ぶ様子は神秘的。中社には樹齢700年を超える神木や800年を超える三本杉がある。

367 御射鹿池
みしゃかいけ

長野県 茅野市

画家・東山魁夷の『緑響く』のモチーフとなった横谷渓谷周辺にあるため池。諏訪大社の神に捧げるための鹿を射る神事が名前の由来。周囲の木々を映す鏡のよう。

368 高谷池湿原 天狗の庭
こうやいけしつげん てんぐのにわ

新潟県 妙高市

妙高戸隠連山国立公園内、標高2100mにある高谷池湿原は高山植物の宝庫。そこからさらに火打山方面へ行くと「天狗の庭」と呼ばれる湿原がある。秋の紅葉が美しく、見頃は9月下旬〜10月上旬。

甲信越

369

昇仙峡 覚円峰
（しょうせんきょう かくえんぽう）

山梨県　甲府市

国の特別名勝に指定されている美しい渓谷。川の浸食による花崗岩の断崖や奇岩が見られ、代表的な覚円峰は約180mの巨岩。紅葉の見頃は10月下旬～11月中旬。

370

阿寺渓谷
（あてらけいこく）

長野県　大桑村

木曽川に流れ込む阿寺川沿いの渓谷。6.3km上流にあるキャンプ場までの間にいくつかの淵や滝があり、透明な阿寺ブルーの絶景が望める。夏季はマイカー規制がある。

371 白川氷柱群

しらかわひょうちゅうぐん

長野県 木曽町

1～2月の冬の寒さが生み出す氷の芸術。西野川右岸の岩肌から流れる地下水が凍り、幅約250m、高さ50mもの氷のカーテンとなる。日没後はライトアップも。

甲信越

372 鳴沢氷穴

なるさわひょうけつ

山梨県 鳴沢村

864（貞観6）年、長尾山の噴火により溶岩流が流れ下ってできた鳴沢氷穴と富岳風穴。鳴沢氷穴は竪穴環状形で総延長153m。氷柱は年により直径50cm、高さ3mにもなる。

373 戸隠高原鏡池

とがくしこうげんかがみいけ

長野県 長野市

戸隠連峰の中腹、標高約1100mの山腹にある神秘的な湖。風がない日は戸隠連峰を湖面に映し出す。周囲に散策路があるほか、戸隠神社の奥社も徒歩圏内。

城・滝
Castle・Waterfall

最古の天守閣をもつ堂々たる国宝五城

374 松本城
（まつもとじょう）

長野県 松本市

五重六階の天守は、大天守、乾小天守、渡櫓、辰巳附櫓、月見櫓の5棟で形成されている。内堀に架かる赤い埋橋と黒壁の城の眺めが絵になる風景。

375 釈尊寺（布引観音）
（しゃくそんじ（ぬのびきかんのん））

長野県 小諸市

崖の途中にある観音堂で険しい山道を15分ほど登って行く。なかに「観音堂宮殿」がある。

376 新発田城
（しばたじょう）

新潟県 新発田市

「あやめ城」とも呼ばれ、美しい石垣となまこ壁、三階櫓の上の3匹のしゃちほこが特徴的。

377 善五郎の滝
ぜんごろうのたき

長野県 松本市

背後に乗鞍岳を望む落差22m、幅約8mの滝。ミズナラの森の山道を650mほど歩いて行く。

379 七ツ釜五段の滝(西沢渓谷)
ななつがまごだんのたき(にしざわけいこく)

山梨県 山梨市

西沢渓谷の遊歩道の途中にある、7つの滝壺からなる滝。滝は上から3m、4m、2m、9m、10mの落差がある。

378 米子大瀑布
よなこだいばくふ

長野県 須坂市

四阿山の断崖を流れ落ちる落差85mの不動滝(写真)と、落差80mの権現滝の総称。冬季は閉鎖。

380 苗名滝
なえなたき

新潟県 妙高市

垂直に切り立った断崖から流れ落ちる落差55mの豪快な滝。吊り橋を渡りながら見学できる。

甲信越

381 清津峡渓谷「Tunnel of Light」
きよつきょうけいこく「トンネル オブ ライト」

新潟県　十日町市

柱状節理の断崖が続く清津峡を眺めるために1996年に設置された、全長750mの清津峡トンネル。3年に1度開催されている「大地の芸術祭 越後妻有アートトリエンナーレ」の一環として2018年にリニューアルオープンし、自然とアートのコラボが話題に。トンネルの終点のパノラマステーションは、床に渓谷の水を張り、壁にステンレス板を貼ることで、清津峡の自然がそのまま内部に映し込まれる。1月中旬〜3月31日は休業。

382 美人林
びじんばやし

新潟県　十日町市

樹齢約100年ほどのブナの木が密集して生える林で、その美しさから「美人林」と呼ばれるように。紅葉の見頃は11月上旬〜中旬。新緑の頃も一面が緑になって美しい。

斬新な発想で
自然美を楽しむ
アートとのコラボ

Ma Yansong／MAD Architects

ソラテラス（りゅうおうマウンテンパーク）
383 SORA terrace
（竜王マウンテンパーク）

長野県　山ノ内町

竜王山の北西、標高1770mに位置するSORA
terrace。166人乗りのロープウェイで気軽
に行くことができ、気象条件が合えば眼下
に雲海が望める。山々の展望も素晴らしい。

384 阿智村の星空
あちむらのほしぞら

長野県 阿智村

岐阜県との県境にある星空の美しさで話題の村。ゴンドラで行く標高1400mのスキー場から満天の星が見られる。

387 御岳自然湖
おんたけしぜんこ

長野県 王滝村

1984年の長野県西部地震で流れ込んだ土石流が、王滝川をせき止めてできた湖。立ち枯れが印象的。

385 佐渡金山
さどきんざん

新潟県 佐渡島

徳川幕府直轄の佐渡奉行所が置かれ、小判が製造されていた日本最大の金銀山。1989年まで操業し金78t、銀2330tを産出。

388 甲斐の猿橋
かいのさるはし

山梨県 大月市

全長30.9m、幅3.3m、高さ31mの奇橋。橋脚はなく、両岸から張り出したはねぎで支えられている。

386 地獄谷野猿公苑のスノーモンキー
じごくだにやえんこうえんのスノーモンキー

長野県 山ノ内町

標高850mの横湯川の渓谷にある猿専用の温泉。冬、ニホンザルが温泉に入る姿を見られる。

389 矢島・経島のたらい舟
やじま・きょうじまのたらいぶね

新潟県 佐渡島

矢島と経島が浮かぶ小木海岸の入江で、ワカメやサザエをとるたらい舟に乗ることができる。

390 へぎそば
新潟県

片木と呼ばれる器に、ふのりを使ったコシの強いそばを、小分けにして盛り付けるのが特徴。

甲信越

391 ほうとう
山梨県

小麦粉で作る太い麺をカボチャなどの野菜と煮込んだ味噌仕立て汁料理。地域により違いがある。

393 勝沼のブドウ園（かつぬまのブドウえん）
山梨県

奈良時代から始まったとされる甲府盆地のブドウ栽培。「葡萄畑が織りなす風景」として日本遺産に登録されている。

394 枯露柿（ころがき）
山梨県

皮をむいた柿を天日干しした干し柿で甲州市塩山の名物。時季には枯露柿のカーテンが見られる。

392 笹寿司（ささずし）
新潟県

クマザサの上に酢飯と山菜などの具をのせた新潟県の郷土料理。長野県北信地方にもある。

COLUMN_04

木曽路はすべて
山の中

～山を守り　山に生きる～

395

きそうま
木曽馬

長野県　木曽町、南木曽町

木曽代官4代目の山村良豊が、奥州の南部馬を木曽谷の気候と地形に合うように改良したのが木曽馬。短足、胴長で中型、おとなしい性格。農耕や運搬に従事し、木曽の産業に貢献した。一時は絶滅の危機に陥ったが、現在は全国に160頭ほど生息。開田高原にある木曽馬の里で触れ合うことができる。

島崎藤村の小説『夜明け前』の冒頭が「木曾路はすべて山の中である」のとおり、木曽川に削られた深い谷が木曽谷だ。名産の木曽桧を木曽川に流し尾張まで運んだという。伊勢神宮の式年遷宮の御神木には木曽桧が使われている。江戸時代の森林保護政策により伐採が禁じられると、代わりに地場産品の生産や木曽馬の飼育が推奨された。江戸中期には木曽11宿の発展により木曽馬が活躍、桧の編み笠製造などが盛んに。いまも木曽には木曽桧を使った木工芸が脈々と受け継がれている。

日本遺産とは

文化庁が認定した、
地域の歴史的魅力や特色を通じて
日本の文化・伝統を語るストーリー。

その他の主な
構成文化財

寝覚の床　>>P.188
塩尻市奈良井　>>P.192
妻籠宿保存地区　>>P.190
阿寺渓谷　>>P.202

しおじりしきそひらさわ
塩尻市木曾平沢　**長野県**　塩尻市

ふくしませきしょあと
福島関所跡　**長野県**　木曽町

北陸

HOKURIKU

富山

石川

福井

北陸

ほくりく

県別ダイジェストガイド

石川県 ●いしかわけん

日本海に突き出す
能登半島を有する

加賀百万石の面影を今に残す金沢、北陸屈指の温泉郷を誇る加賀、山海の美しく豊かな自然が残る能登や白山の4エリアに分かれる。県庁所在地は北陸3県最大都市の金沢市。

DATA
●県庁所在地：金沢市 ●市町村数：11市・8町 ●面積：4186㎢ ●人口：約115万人

● 名物・名品

輪島塗、九谷焼、加賀友禅などはすでに世界ブランドで、水引などの和小物も人気。昔から茶の湯が盛んな金沢は京都・松江と並ぶ和菓子処で落雁やきんつばの老舗も多い。

奥能登産あずきを使用したきんつば

● 名所

兼六園や長町武家屋敷跡、金沢21世紀美術館など歴史や文化を感じるスポットに加えて、日本三霊山の白山、能登半島の自然が見どころ。2011年には「白米千枚田」が日本初の世界農業遺産に認定された。

昔ながらの町家が並び情緒たっぷりの、ひがし茶屋街

富山県 ●とやまけん

北は日本海に面し
急峻な山々が囲む

北アルプスや飛騨山脈に囲まれ、富山湾を抱くように平野が広がる。風土に根ざした文化をもつ町が多く、東は新潟県と長野県、南は岐阜県、西は石川県に接する。

DATA
●県庁所在地：富山市 ●市町村数：10市・4町・1村 ●面積：4247㎢ ●人口：約105万人

江戸時代から続く手漉き和紙を素材にした五箇山和紙の雛人形

● 名所

立山連峰や雨晴海岸など山海の名所が多い。五箇山の集落は岐阜の白川郷とともに「白川郷・五箇山の合掌造り集落」として世界文化遺産に登録。

北アルプスの美しい火山湖みくりが池

● 名物・名品

モダンなデザインが海外でも話題の高岡銅器や錫鋳物、八尾・五箇山・蛭谷（びるだん）で作られる越中和紙も人気がある。食べ物では富山湾のホタルイカ、ます寿司が有名。

福井県 ●ふくいけん

鍵や象のような
ユニークな形

日本海と若狭湾に面し、越前の山々の豊かな自然に恵まれる。主に嶺北（福井市などの越前地方）と嶺南（若狭地方や敦賀市）で構成され、最大人口及び都市は福井市。

DATA
●県庁所在地：福井市 ●市町村数：9市・8町 ●面積：4190㎢ ●人口：約77万人

● 名物・名品

名産品は越前漆器や若狭塗箸、鯖江のメガネフレーム、越前ガニや若狭ガレイなどの海の幸。名物の水ようかんは200種類以上あるという。

福井では、水ようかんは冬（11〜3月）の定番おやつ

● 名所

東尋坊や鉾島など、長い年月をかけて日本海の荒波が造り出した景勝地が見どころ。雲海に浮かぶ越前大野城など歴史的スポットも。

越前海岸に浮かぶ鉾島。遊歩道で頂上まで上れる

北陸エリア絶景リスト

[全65カ所]

INDEX
396-460

北陸

町並み
Town

日本の華麗な
茶屋文化を
今に伝える町並み

396 ひがし茶屋街

ひがしちゃやがい

石川県　金沢市

金沢城の北東、浅野川の東岸に位置する金沢を代表する観光地のひとつ。1820年（文政3）年に造られた加賀藩公認の花街で、最も規模が大きいひがし茶屋街のほかにも、にし茶屋街と主計町茶屋街がある。江戸時代後期から明治初期にかけての藩政時代のまま残された敷地割と、茶屋建築の町家が数多く残る町並みは、国の重要伝統的建造物群保存地区に選定されている。約100m続く石畳のメインストリート（中央通り）には、1階に「木虫籠」と呼ばれる美しい出格子を備え、2階に座敷を設けた茶屋建築の町家が両側に立ち並び、風情あふれる景観を味わえる。作家・五木寛之の小説『朱鷺の墓』の舞台としても有名だが、いまでも夜にはお座敷の三味線の音色が聞こえることも。ぼんぼりに明かりが灯り始める夕暮れ時の町並みは雅で美しい。

北
陸

397 五箇山の合掌造り集落

ごかやまのがっしょうづくりしゅうらく

富山県　南砺市

富山県の南西端、庄川沿いのかつては秘境と呼ばれた山あいの地域。重厚な合掌造りが立ち並ぶ集落は今も人々が暮らす生活の場で、岐阜県白川郷とともに世界遺産に登録。

398 長町武家屋敷跡

ながまちぶけやしきあと

石川県　金沢市

藩政時代、加賀藩の上級・中級武士が暮らしていた地域。伝統環境保存区域および景観地区に指定され、黄土色の土塀や石畳の小路に面して豪壮な武家屋敷が軒を連ねている。

399 熊川宿
（くまがわじゅく）
福井県 若狭町

若狭と京都を結ぶ鯖街道の宿場町として栄えた。街道沿いには当時のままの用水路が流れ、建築様式の違う建物が混在しながら美しい街並みを形成している。

北陸

400 門前町黒島町
（もんぜんまちくろしままち）
石川県 輪島市

江戸時代から明治中期にかけて繁栄した北前船の船主や船員が暮らしていた地区。黒い屋根瓦と板壁、格子窓が特徴的な家屋が連なり、家屋の間には細い路地が巡っている。

401 越中八尾
（えっちゅうやつお）
富山県 富山市

「おわら風の盆」で有名な八尾町の中心部を走る石畳の町並み。無電線化の整備が行われ、一般家屋も色や形を統一することで江戸時代のたたずまいを残している。

自然
Nature

雄大で荘厳な
美しさに包まれた
北アルプスの雪景色

402 みくりが池
みくりがいけ

立山を代表する見どころで、室堂にある周囲約630m、深さ15mの火山湖。標高2405mに位置し、目の前に標高3033mの雄山、3015mの大汝山、2999mの富士ノ折立の立山連峰の勇姿が望める。11～6月頃までは雪で覆われ、春の雪解け時季には解けた雪の塊が湖面に揺らぐ雪筏と呼ばれる現象が見られる。雪解けが進むと高山植物が咲き始め、観光シーズンを迎える。美しく澄んだ湖を拝むことができるのは7～10月頃で、紺碧の水面に逆さまの立山連峰が映し出される様子は感動的。秋の紅葉もアルペンルート屈指の美しさだ。ハイマツのなかにひそんでいる、国の特別天然記念物の雷鳥に出合えるチャンスも。立山黒部アルペンルート室堂ターミナルから徒歩約20分。ただし、アルペンルートの乗り物は12月～4月中旬は運休。

北陸

403 雷鳥沢
らいちょうざわ

富山県 立山町

みくりが池からりんどう池を通って30分ほどで行くことができる雷鳥沢は、立山連峰と大日連峰の壮大なパノラマを眺められる景勝地。標高2280mに位置し、ヒュッテやロッジ、キャンプサイトが整備され、登山客に人気だ。1泊すれば満天の星も楽しめる。高山植物のお花畑や、秋の紅葉が見事。

404 九頭竜湖
くずりゅうこ

福井県 大野市

高さ128m、堤頂長355mという巨大な九頭竜ダムにより九頭龍川がせき止められてできた人造湖。「夢のかけはし」が山岳風景に溶け込み、四季折々に美しい。

405 じんづうきょう
神通峡

富山県　富山市

飛騨の山々の雪解け水を集める神通川に削られてできた渓谷。トロッコ列車の軌道を整備した遊歩道を歩きながら、四季折々の渓谷美を楽しめる。紅葉の見頃は10月下旬。

406 手取峡谷と綿ヶ滝

てどりきょうこくとわたがたき

石川県　白山市

白山市を流れる手取川の中流、釜清水から河原山までの8kmにわたる渓谷。高さ20〜30mの絶壁や、落下する水がまるで綿が舞っているように見えることから名付けられた綿ヶ滝が見どころ。

407 称名滝

しょうみょうだき

富山県　立山町

合計350mと落差日本一の滝で国の天然記念物。岩に沿って4段になって流れ落ちる。立山連峰の雪解け水を水源とし、水量の増す春先には右手にハンノキ滝も出現する。

408 姥ヶ滝

うばがたき

石川県　白山市

落差76m、幅100mの大滝。岩壁を数百条の細かい流れとなって落下する様子が、白髪の老婆が髪を振り乱したように見えることから、この名が付いた。

409 雨晴海岸

<small>あまはらしかいがん</small>

富山県 高岡市

高岡市北部の能登半島国定公園にある景勝地。海岸から富山湾越しに3000m級の立山連峰を見ることができる。季節や時間帯でさまざまな姿に変化し、冬には日本海の気嵐に霞む神秘的な風景に遭遇できることもある。万葉の歌人・大伴家持が滞在中、美しい情景を詠んだ多くの歌を残した。

北陸

410 東尋坊
とうじんぼう

福井県 坂井市

波の浸食で削られた断崖絶壁の奇勝地で、海岸線約1kmにわたり続く。岸壁高が20m以上に及ぶ断崖に日本海の荒波が打ち寄せる様は恐ろしいほどの迫力。遊歩道や遊覧船から見学できる。

411 水島
みずしま

福井県 敦賀市

敦賀半島の先端に浮かぶ全長500mほどの無人島。周りは遠浅の海と砂浜に囲まれ透明度抜群。夏の海水浴期間は渡し船が運航され、所要約10分。

412 見附島
みつけじま

石川県 珠洲市

見付海岸の沖あいに浮かぶ高さ28mの岩。弘法大師が佐渡から能登へと渡る際に発見したと伝わり、その姿が軍艦に見えることから軍艦島の異名をもつ。

413 機具岩
はたごいわ

石川県 志賀町

機織りの神様の伝説がある夫婦岩。高さ16mと12mの2つの岩がしめ縄で結ばれている。能登屈指の夕日のスポットで、日没後の星空も美しい。

北陸

414 鉾島
ほこじま

福井県 福井市

日本海の荒波に浸食され柱状節理の岩肌がむき出しになった周囲80m、高さ50mほどの小島。松やグミの木が茂る頂上には鉾島神社がある。

キリコや神輿が
炎のなかを激しく暴れ回る
勇壮な夏祭り

415
あばれまつり
あばれ祭

石川県　能登町

7月第1金曜・土曜の2日間、能登のキリコ（奉燈）祭りの先陣をきって行われる宇出津八坂神社の祭礼。これを皮切りに能登各地の夏祭りが始まる。疫病退散への感謝の祭りで、初日は40数本のキリコが高さ7mの大松明の火の粉のなかを乱舞しながら練り回り、2日目は神輿も登場。神輿を海や川、火に投げ込み豪快に暴れる場面が祭りのハイライト。

416 能登キリコ祭り

のとキリコまつり

石川県　各地

威勢のいい掛け声とととともに巨大なキリコが練り歩く。7〜10月に約137の地区で行われている。

417 高岡御車山祭

たかおかみくるまやままつり

富山県　高岡市

5月1日に行われる前田利長を祀る高岡關野神社の祭り。鉾を立てた絢爛豪華な御車山が見もの。

418 三国祭

みくにまつり

福井県　坂井市

三國神社の春の例大祭。巨大な武者人形をのせた曳き山車の巡行。5月19〜21日の3日間開催。

北陸

227

419 青柏祭

せいはくさい

石川県 七尾市

大地主神社（山王神社）で5月3〜5日に開催される能登最大の祭礼。高さ12m、重さ20tの巨大な山車が狭い町なかを曳き回される様は圧巻。「辻廻し」と呼ばれる方向転換も見ものだ。

420 永平寺大燈籠ながし

えいへいじだいとうろうながし

福井県 永平寺町

九頭竜川の永平寺河川公園で行われる夏の風物詩。約1万基の灯籠が川面に浮かび幻想的。フィナーレでは花火が夜空を美しく染める。8月末頃開催。

422 花はす公園

はなはすこうえん

福井県 南越前町

世界の花はす約120種が育つ観賞ハス園。7〜8月にはハスの撮影会やイベントを開催。

428 砺波チューリップ公園

となみチューリップこうえん

富山県 砺波市

600品種100万本のチューリップが咲き誇る。春には国内最大級のチューリップフェアがある。

421 おわら風の盆

おわらかぜのぼん

富山県　富山市

八尾町の旧町で毎年9月1〜3日に行われる、300年以上続く祭。編笠を深くかぶった踊り子と、唄い手と囃子の地方が練り歩く、町流しが各地区で行われる。

424 舟川のチューリップと桜

ふなかわのチューリップとさくら

富山県　朝日町

標高2418mの朝日岳を背景にチューリップ、菜の花、桜並木の4重奏が楽しめる人気のスポット。桜の開花に合わせて4月上旬に「あさひ桜まつり」が開催され、ライトアップも。

社寺
Shrine&Temple

奇岩遊仙境の
岩窟と一体化した
自然智の寺

425 那谷寺 (なたでら)

石川県 小松市

1300年の歴史をもつ白山信仰の寺。境内の不思議な形をした奇岩遊仙境の紅葉は11月頃が見頃。白い岩肌に紅葉の赤色が映える。

426 国宝 高岡山瑞龍寺 (こくほう たかおかさんずいりゅうじ)

富山県 高岡市

加賀前田家2代当主前田利長の菩提寺。山門、仏殿、法堂が国宝に指定。法堂を中心に回廊が左右に続く伽藍配置が、曹洞宗の名刹として高く評価されている。

427 平泉寺白山神社（へいせんじはくさんじんじゃ）
福井県　勝山市

白山信仰の聖地。1km続く旧参道は河原石を敷き詰めた500年以上前の石畳道。樹齢数百年の古木が立ち並ぶ。

429 尾山神社（おやまじんじゃ）
石川県　金沢市

五彩のステンドグラスが輝く和漢洋折衷の神門。日没後はライトアップでより幻想的な雰囲気に。

428 雄山神社 峰本社（おやまじんじゃ みねほんしゃ）
富山県　立山町

雄山神社の三社殿のひとつで、雄山の岩頭、標高3003mに鎮座する。10〜6月は閉山。

430 氣比神宮（けひじんぐう）
福井県　敦賀市

702（大宝2）年建立と伝わる格式ある北陸の総鎮守。高さ10.9mの大鳥居は、木造の日本三大鳥居のひとつ。

北陸

431 明通寺（みょうつうじ）
福井県　小浜市

東小浜駅から5kmの松永川上流にある古刹。豊かな自然に囲まれ鬱蒼と繁る杉木立のなかにひっそりとたたずむ国宝の本堂と三重塔は、鎌倉時代を代表する建造物。

眺望
View

幾重にも広がる
幾何学模様の棚田は
美しき日本の原風景

432 白米千枚田
しろよねせんまいだ

石川県 輪島市

日本海に面した急斜面に約1000枚もの田んぼが階段状に広がる、奥能登屈指の景勝地。10〜3月には棚田をイルミネーションで彩る「あぜのきらめき」が開催される。

433 呉羽山展望台
くれはやまてんぼうだい

富山県 富山市

晴れた日には東に立山連峰、北には富山湾を隔てて遠く能登半島まで望める展望スポット。

434 珠洲岬
すずみさき

石川県 珠洲市

能登半島の最先端。聖域の岬とも呼ばれ、出雲神話にも登場する日本三大パワースポット。

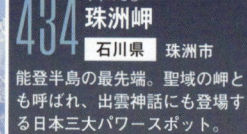

435 黒部ダム
くろべダム

富山県 立山町

黒部川最上流に造られた、186mの日本一の高さをもつアーチ式コンクリートダム。ダム湖は約2億㎥の貯水量を誇り、ダム堤防や展望台から迫力満点の放水を見られる。

436 七曲
ななまがり

富山県 立山町

標高1365～1685mにかけて7つのヘアピンカーブが連続する立山黒部アルペンルートの名所。

437 黒部峡谷トロッコ列車
くろべきょうこくトロッコれっしゃ

富山県 黒部市

宇奈月から欅平まで全長約20km。車窓からは四季折々の渓谷美が堪能できる。運行は4～11月。

芸術・城
Art・Castle

江戸時代の美意識を
いまに伝える
日本三名園

438 兼六園 （けんろくえん）

石川県　金沢市

3万4600坪という広大な園内には築山や池が点在し、四季を通して豊かな自然美に出合える回遊式庭園。雪から木の枝を守るために施される雪吊りは金沢の冬の風物詩。

レアンドロ・エルリッヒ
《スイミング・プール》
2004年
撮影：渡邉修

※2019年12月20日～2020年2月
3日の間、改修工事のため休館

439 金沢21世紀美術館 （かなざわ21せいきびじゅつかん）
《スイミング・プール》

石川県　金沢市

見て、触れて、感じるをテーマにした現代アートを展示。

440 TOYAMAキラリ （とやまキラリ）

富山県　富山市

建築家の隈研吾が設計。ガラス、アルミ、御影石を使用したガラス作品のような外観が特徴。富山市ガラス美術館や図書館などが入る複合施設。

234

441 富山城址公園
とやまじょうしこうえん
富山県　富山市

富山城を中心とした緑豊かな公園。石垣や濠からは当時の威容を想像できる。

443 越前大野城
えちぜんおおのじょう
福井県　大野市

標高249mの亀山の頂に立つ。晩秋から春にかけては、雲海の上に浮かぶ城が見られることも。

442 丸岡城
まるおかじょう
福井県　坂井市

築城400年を記念して造られた日本庭園式公園。400本のソメイヨシノが咲く桜の名所。

444 金沢城公園
かなざわじょうこうえん
石川県　金沢市

加賀藩前田家の居城跡。建物は古絵図や古文書などをもとに当時の姿を忠実に復元。

445 雪の大谷
ゆきのおおたに

富山県　立山町

シーズンにそなえ、室堂ターミナル周辺を
除雪することで現れる約500m、高さ最大20
m にもなる雪の壁。4月中旬〜6月中旬にか
けて「雪の大谷ウォーク」などを開催。

446 ホタルイカの身投げ
ホタルイカのみなげ

富山県　富山市

ホタルイカが波打ち際に大量に打ち上げら
れ、海岸線が青白く光る幻想的な現象。八
重津浜や岩瀬浜で3〜5月の深夜から未明
に見られる、富山湾の春の風物詩。

のどかな風景の中に
今にも動き出しそうな
大迫力の恐竜模型

北陸

447 福井県立恐竜博物館

ふくいけんりつきょうりゅうはくぶつかん

福井県 勝山市

恐竜化石の宝庫として知られる勝山市にある、恐竜、地質、古生物学の博物館。44体の恐竜全身骨格を始め、大型復元模型やジオラマ、化石、標本などを展示。

448 のとじま水族館

のとじますいぞくかん

石川県 七尾市

ジンベエザメなど能登半島近海に回遊する魚を中心に約500種4万点を展示。プロジェクションマッピングを用いた「のと海遊回廊」や「トンネル水槽」で海中散歩。

449 あやとりはし
石川県　加賀市

草月流家元・勅使河原宏がデザインしたS字型の人道橋。橋から鶴仙渓が眺められる。

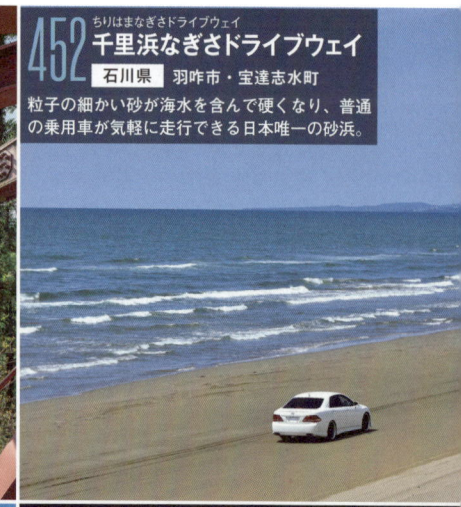

452 千里浜なぎさドライブウェイ
ちりはまなぎさドライブウェイ
石川県　羽咋市・宝達志水町

粒子の細かい砂が海水を含んで硬くなり、普通の乗用車が気軽に走行できる日本唯一の砂浜。

450 高岡大仏
たかおかだいぶつ
富山県　高岡市

高さ15.85m、重さ65tの日本三大仏。銅器製造日本一の大岡の技術の粋を集め再建された。

453 富岩運河環水公園
ふがんうんがかんすいこうえん
富山県　富山市

富岩運河を囲むように広がる緑の美しい水辺の公園。夜はライトアップで幻想的な雰囲気に。

451 浮御堂
うきみどう
石川県　加賀市

湯の元公園と浮き桟橋で結ばれた、柴山潟に浮かぶお堂。片山津の伝説「龍神と娘」にちなみ弁財天と竜神を祀っている。

454 空中展望台スカイバード
くうちゅうてんぼうだいスカイバード
石川県　珠洲市

パワースポットとして人気の岬に立つ展望台。約9.5m突き出し、スリル満点。

455 若狭ふぐ
（わかさふぐ）

福井県

若狭湾で養殖したフグは、身が締まりうま味を存分に蓄えた高級品。地元では夏も味わえる。

456 ホタルイカ

富山県

青白い光を放つ姿から名付けられた小型イカ。富山湾での漁は3〜6月で、ほんのり甘く独特な食感。

458 ます寿司

富山県

富山の郷土料理。サクラマスを塩漬けし、酢で味付けした押し寿司。通常、木製の曲物に入っている。

北陸

457 能登丼
（のとどん）

石川県

奥能登産コシヒカリと奥能登の水を使用。魚介や肉、野菜も地元でとれた旬の食材を用いる名物どんぶり。

459 浜焼き鯖
（はまやきさば）

福井県

脂ののったサバを串に刺して豪快に焼く若狭のソウルフード。生姜醤油や大根おろしで食べるのが定番。

COLUMN_05

『珠玉と歩む物語』
小松

〜時の流れの中で磨き上げた石の文化〜

460

こまつじょうほんまるやぐらだいいしがき
小松城本丸櫓台石垣

石川県　小松市

一国一城令で廃城となるが、加賀前田家三代前田利常の隠居城という名目で1639（寛永16）年に例外的に認められる。石垣は切り込みハギと呼ばれる工法で組み上げ、四隅は石の長辺と短辺を交互に合わせた算木積み。小松産の角礫凝灰岩などが使われている。

小松は弥生時代に朝鮮半島から伝わった「緑の玉」の国産化を目指し、質の良さと埋蔵量の多さから碧玉の産地となる。那谷、菩提、滝ヶ原で産出する碧玉を使い、八日市地方で玉つくりが行われた。古墳時代に入ると加工技術は躍進し、装身具のみならず建築材も造られるようになる。良質な凝灰岩の石材は古墳の石室から始まり、小松城、石橋などにも利用された。また、小松の陶石が用いられた九谷焼は地域の経済を支えてきた。那谷寺には碧玉の層が見られ、産出された宝石を使った庭石がある。時の流れを反映しつつ、石の文化を築き上げている。

日本遺産とは

文化庁が認定した、
地域の歴史的魅力や特色を通じて
日本の文化・伝統を語るストーリー。

その他の主な
構成文化財

那谷寺 >> P.228
なた・ぼだい・たきがはら・へきぎょくさんち
那谷・菩提・滝ヶ原 碧玉産地　石川県　小松市
ようかいちじかたいせき
八日市地方遺跡　石川県　小松市
じゅうくどうやまいせきせきとうぐん
十九堂山遺跡石塔群　石川県　小松市
たきがはらいしきりば
滝ヶ原石切り場　石川県　小松市

東海

TOKAI

岐 静 愛 三
阜 岡 知 重

東海

とうかい

県別ダイジェストガイド

岐阜県 ●ぎふけん

7県に囲まれる自然豊かな内陸県

北部の飛騨には3000m級の日本アルプスがそびえ、南部の美濃は木曽・長良・揖斐川の木曽三川が流れる。北東の関市には日本の重心がある。

DATA
●県庁所在地：岐阜市 ●市町村数：21市・19町・2村 ●面積：1万621㎢ ●人口：約200万人

飛騨地方の伝統工芸品「さるぼぼ」はお守り

● 名物・名品

合掌造りの家が立ち並ぶ白川郷は世界遺産。岐阜城のほか、飛騨高山、飛騨古川、郡上八幡など江戸時代の面影を残す町並みも多い。

屋根裏が2層、3層になっている白川郷の民家

● 名所

地域により名産品があるが、飛騨牛、赤かぶ、地酒、富有柿などが有名。関の一刀彫り、岐阜ちょうちん、美濃焼などでも知られる。

静岡県 ●しずおかけん

3つの海に囲まれ富士山や伊豆半島も

相模灘、駿河湾、遠州灘に面し、伊豆半島、浜名湖、北には南アルプス、山梨県境に富士山がそびえる、実にさまざまな顔をもつ。静岡市は駿河湾に面した安部川沿いに位置。

DATA
●県庁所在地：静岡市 ●市町村数：23市・12町 ●面積：7777㎢ ●人口：約367万人

駿河湾でとれるシラスの釜揚げ

● 名所

一番の見どころは富士山のビュースポット。湖越し、海越し、茶畑越しに美しい山容を望め、世界遺産「富士山」の構成資産になっている社寺なども多い。

今宮の茶畑と富士山

● 名物・名品

静岡の名産は静岡茶、浜名湖のウナギ、駿河湾のシラスや桜エビ、ワサビ、日向オレンジ、おみやげでは安倍川餅、うなぎパイなど。

愛知県 ●あいちけん

名古屋のある東海の中心

三河湾を挟んで渥美半島と知多半島がのび、両側に太平洋と伊勢湾が広がる。尾張地方にある名古屋市は中京都市圏を形成し、横浜市、大阪市に次ぐ人口を有する。

DATA
●県庁所在地：名古屋市 ●市町村数：38市・14町・2村 ●面積：5172㎢ ●人口：約752万人

名古屋のういろうは「青柳総本家」が有名

● 名物・名品

ご当地グルメや名産品の宝庫であり、みやげひとつとっても独創的なものが多い。定番ではエビ煎餅の「ゆかり」、大根の漬物「守口漬」、熱田神宮の「きよめ餅」など。

金の鯱の名古屋城

● 名所

名古屋城、近未来的な風景のオアシス21は名古屋を代表する見どころ。豊橋市の「炎の祭典」や犬山市の「犬山祭」も必見。

三重県 ●みえけん

東海と近畿を結び伊勢神宮で有名

沿岸は伊勢湾と太平洋に面し、岐阜との県境に鈴鹿山脈、奈良との県境には大台ヶ原山などの山岳地帯が広がる。5エリアに分けられ、伊勢神宮のある伊勢志摩は特に有名。

DATA
●県庁所在地：津市 ●市町村数：14市・15町 ●面積：5774㎢ ●人口：約180万人

「赤福餅」の本店は伊勢神宮・内宮の参道に

● 名物・名品

「赤福餅」は定番の伊勢みやげ。伊賀くみひも、伊賀焼、松阪木綿、四日市萬古焼などの伝統工芸品、鳥羽の真珠も有名。

● 名所

江戸時代から一生に一度は行きたいと言われた伊勢神宮は、年間を通して参拝者が絶えない。志摩の英虞湾ほかビュースポットが多い。

伊勢神宮の内宮の入口にあたる宇治橋

東海エリア絶景リスト

[全80カ所]

INDEX
461-540

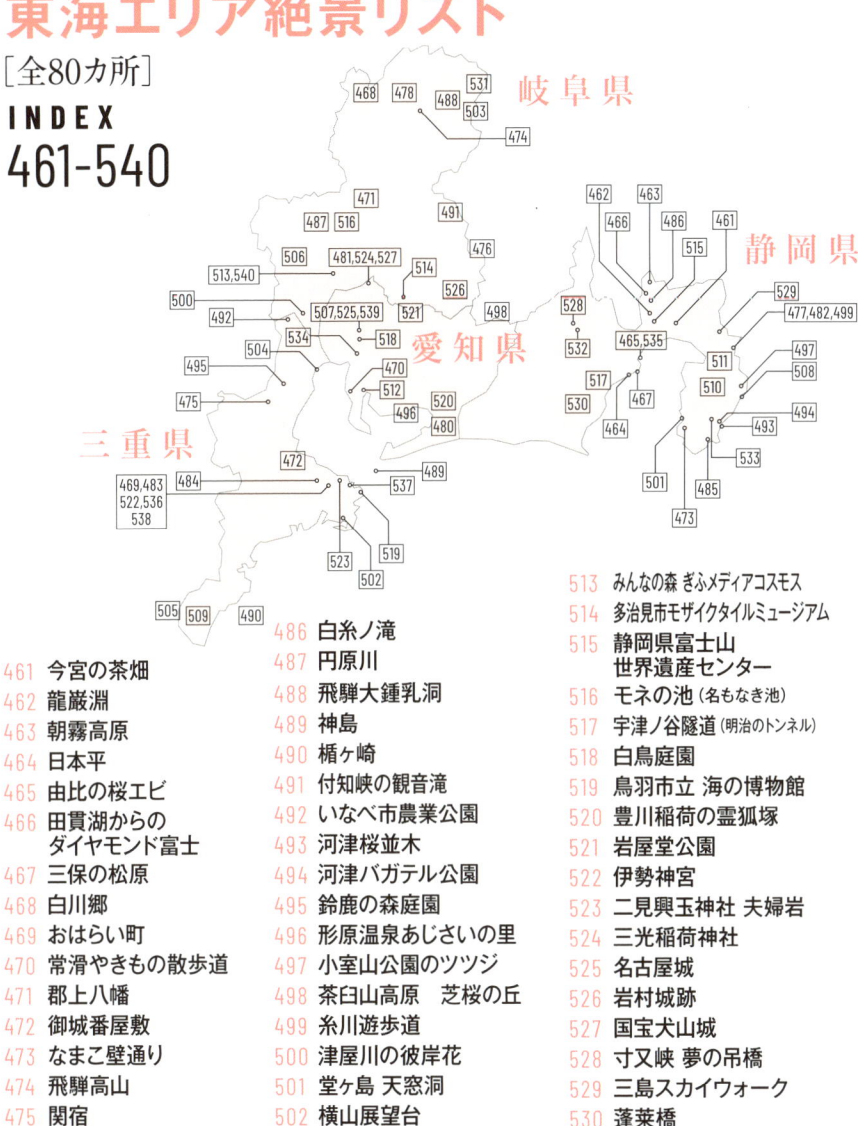

岐阜県

静岡県

愛知県

三重県

東海

富士山
Mt. Fuji

461

今宮の茶畑

静岡県　富士市

茶畑越しの富士山が見られる格好のビュース
ポット。茶葉の新芽が芽吹き、あたり一面が
青々とする5月は、緑の絨毯を思わせる茶畑
と雪をかぶった富士山が特に美しい時季。茶
畑の配列が縦横になっており、空間の奥行き
を感じさせること、電線などの人工物がない
のも絶景を生むポイント。

新緑の茶畑と
富士山が織りなす
シンフォニー

東海

462 龍巌淵
りゅうがんぶち

静岡県 富士市

潤井川沿いの龍巌橋付近に広がる光景。
富士山はもちろん、青い清流や桜、菜の
花の競演が楽しめる。見頃は3月下旬〜
4月上旬で、夜間はライトアップも実施。

463 朝霧高原
あさぎりこうげん

静岡県 富士宮市

富士山西麓に広がる高原。標高約700〜
1000mの酪農が盛んなエリアで、緑豊か
な草原には乳牛の姿も。雄大な富士山と
のどかな牧場風景が楽しめる。

464 日本平
にほんだいら

静岡県 静岡市

標高307mの丘陵地から富士山や船が行
き交う清水港、三保の松原、南アルプス
までもが一望できる。日本夜景遺産にも
認定された絶景だ。

465 ゆいのさくらエビ
由比の桜エビ

静岡県　静岡市

桜エビ漁が盛んな由比の風物詩。3月下旬〜5月下旬の春漁と11月中旬〜12月中旬の秋漁の時季が天日干しの最盛期。富士山をバックに、富士川河川敷が桜色に染まる。

466 たぬきこからのダイヤモンドふじ
**田貫湖からの
ダイヤモンド富士**

静岡県　富士宮市

富士山頂で太陽が輝くダイヤモンド富士。山の西側にある田貫湖では、水面に映った「ダブルダイヤモンド富士」が楽しめる。見頃は4・8月下旬の日没時。

東海

467 みほのまつばら
三保の松原 🏛

静岡県　静岡市

世界遺産「富士山」の構成資産。約7kmの海岸に沿って続く緑の松林や白波、富士山が織りなす風景は、浮世絵を思わせる美しさ。

468 白川郷

しらかわごう

🏛

岐阜県 | 白川村

「白川郷・五箇山の合掌造り集落」として、富山県の五箇山（相倉・菅沼）とともにユネスコの世界遺産に登録。合掌造りとは木の梁を山形に組み合わせて建てる日本独自の建築様式で、特に白川郷では屋根の両端が三角形になっており、豪雪地帯の自然条件に適している。集落には、現在も住居として使われている国指定重要文化財の和田家を始め、野外博物館や養蚕展示館、温泉旅館など、さまざまな観光スポットが点在。毎年1・2月にはライトアップも実施する。

自然とともに生きる
日本の原風景を
探し求めて

469 おはらい町
おはらいまち

三重県　伊勢市

伊勢神宮の内宮の参道で、江戸時代の情緒が漂う人気スポット。宇治橋から五十鈴川沿いに続く約800mの通りに商店や食堂が立ち並び、切妻や入母屋、妻入り様式といった伝統建築を見ることができる。伊勢参りの参拝客で賑わう町並みを歩きながら、手こね寿司や伊勢うどんなどの名物グルメを味わえる。

472 御城番屋敷
ごじょうばんやしき

三重県　松阪市

松坂城を警護する松坂御城番が住んだ組屋敷で、現存する江戸時代の武家屋敷では最大規模。約1万㎡の敷地に、主屋や前庭があり、西棟北端の一戸は見学可能。

470 常滑やきもの散歩道

とこなめやきものさんぽみち

愛知県　常滑市

常滑焼の町にのびる 約1.6kmの道。明治時代の土管が積まれた土管坂や登窯など、見どころが点在。

471 郡上八幡

ぐじょうはちまん

岐阜県　郡上市

郡上八幡城の城下町として発展。玉石を敷き詰めた「やなか水のこみち」や、古い町並みが広がる。

東海

473 なまこ壁通り

なまこかべどおり

静岡県　松崎町

江戸時代に防火・防風の目的で作られたなまこ壁。漆喰が瓦の継ぎ目でかまぼこ型に盛り上がっている。近藤平三郎生家などで、その重厚な外観を観賞できる。

474 飛騨高山（ひだたかやま）

岐阜県　高山市

「飛騨の小京都」と称される城下町。古い町並（さんまち通り）では、町家の出格子や大屋根と小庇、杉の玉の酒ばやしなどに注目したい。

475 関宿（せきじゅく）

三重県　亀山市

東海道五十三次の47番目の宿場町。江戸時代後期〜明治時代にかけて建てられた町家約200棟以上が残る。

476 馬籠宿（まごめじゅく）

岐阜県　中津川市

中山道六十九次の43番目にあたり、坂に形成された全国でも珍しい宿場町。島崎藤村ゆかりの地でもある。

477 熱海商店街（あたみしょうてんがい）

静岡県　熱海市

熱海駅前に広がる仲見世商店街と平和通り商店街からなる。創業60年超の老舗店があり、おみやげ探しができる。

478 飛騨古川（ひだふるかわ）

岐阜県　飛騨市

「高山の奥座敷」と呼ばれる情緒豊かな景観が魅力。石造りの瀬戸川沿いには、白壁土蔵街が見られる。

479 高山祭

たかやままつり

岐阜県 高山市

毎年4月14・15日に行われる春の山王祭と、10月9・10日に行われる秋の八幡祭からなる伝統行事。16世紀後半〜17世紀が起源とされ、日本三大美祭のひとつに数えられる。100個もの提灯を灯した屋台が町を巡る夜祭・宵祭のほか、巧みな人形の動きが見どころのからくり奉納、獅子舞、裃姿の警固など数百人が参加する大行列が見られる。

東海

481 犬山祭
（いぬやままつり）

愛知県　犬山市

毎年4月第1土・日曜に開催。
からくり人形がのった山車
や365個の提灯が灯った夜
車山が町へ繰り出す。

482 熱海海上花火大会
（あたみかいじょうはなびたいかい）

静岡県　熱海市

年間を通して10回以上開催される。フィナー
レを飾る空中ナイアガラの美しさは圧巻！

480 炎の祭典
ほのおのさいてん

愛知県 | 豊橋市

毎年9月第2土曜に行われる豊橋市を代表する「炎の祭典〜炎の舞〜」。東三河地域に伝わる手筒花火が最大の見どころで、花火師が抱えた竹筒から約10mもの火柱が噴き上がる「いっせい披露」は迫力満点。スターマインや仕掛け花火など、バラエティに富んだ花火の打ち上げや、和太鼓の演奏も祭りを盛り上げる。

483 神楽祭
かぐらさい

三重県 | 伊勢市

伊勢神宮にて春と秋の年2回、内宮神苑で公開される。舞楽や伝統芸能の奉納が見られる。

484 伊勢神宮奉納全国花火大会
いせじんぐうほうのうぜんこくはなびたいかい

三重県 | 伊勢市

日本三大競技花火大会のひとつ。全国屈指の花火師が手がける花火約1万発が楽しめる。

海辺に
ぽっかりとあいた
天を望む穴

485 龍宮窟
りゅうぐうくつ
静岡県 下田市

波によって軟らかい地層が侵食されてできる
海食洞。ここ龍宮窟では、天井の一部が崩れ、
直径約50mの天窓がぽっかりとあいている。
ほの暗い洞窟に光が降り注ぐ光景は、別世界
を思わせる美しさ。洞窟内から天窓を見上げ
ることができるほか、遊歩道からは龍宮窟を
見下ろせる。

486 白糸ノ滝
しらいとのたき

静岡県 富士宮市

高さ約20m、幅約150mの絶壁に、富士山の
雪解け水が幾つもの滝となって流れ落ちる天
下の名瀑。細い絹糸のように流れる様子が美
しく、国の名勝及び天然記念物に指定。滝壺
から滝を見上げたり、白糸ノ滝駐車場周辺の
展望スペースから眺められる。

東海

487 円原川（えんばらがわ）
岐阜県　山県市

長良川の源流で、岩間から美しい水が湧く。夏場の朝に発生しやすい川霧や光芒も見どころ。

489 神島（かみしま）
三重県　鳥羽市

三島由紀夫の小説『潮騒』の舞台となった島。石灰岩が風化してできたカルスト地形にも注目。

488 飛騨大鍾乳洞（ひだだいしょうにゅうどう）
岐阜県　高山市

全長約800mに及ぶ国内屈指の観光鍾乳洞。ねじれて垂れ下がるヘリクタイトなどが見られる。

490 楯ヶ崎（たてがさき）
三重県　熊野市

二木島湾の入口にそそり立つ大岸壁で、高さは約80m。遊歩道や遊覧船から見ることができる。

491 付知峡の観音滝（つけちきょうのかんのんだき）
岐阜県　中津川市

「青川」の異名をもつ付知川の源流で、エメラルドグリーンの光景が広がる。ダイナミックな不動滝や岩肌を糸のように流れる観音滝など、見どころが多い。

38万㎡に及ぶ東海エリア最大級の梅林公園を始め、ブルーベリー園やボタン園、ガラス温室などがある。梅まつりが開催される3月上旬〜下旬は、約100種類、約4000本の梅が満開に。地元の特産品を集めたうまいもん市やイベントも開催される。鈴鹿山脈を一望できるロケーションも魅力だ。

東海

493 かわづさくらなみき
河津桜並木

静岡県　河津町

通常の桜よりひと足早く2月上旬に開花する河津桜。河津川沿いにある約850本の並木が鮮やかなピンク色に染まる3月上旬にかけて「河津まつり」を開催。

494 かわづバガテルこうえん
河津バガテル公園

静岡県　河津町

パリ市にあるパリ・バガテル公園の姉妹園。1100種、6000株のバラが咲く。パリ市緑地公園管理局の指導による、左右対称のフランス式庭園を楽しめる。

495 すずかのもりていえん
鈴鹿の森庭園

三重県　鈴鹿市

大輪の花を咲かせる呉服枝垂を中心に約200本のしだれ梅を研究栽培。開花を迎える2月下旬〜3月下旬は一般公開され、ライトアップも行われる。

496 形原温泉あじさいの里
かたはらおんせんあじさいのさと

愛知県 蒲郡市

約5万株のアジサイが咲き誇る里で、見頃の6月に「あじさい祭り」を開催。

498 茶臼山高原 芝桜の丘
ちゃうすやまこうげん しばざくらのおか

愛知県 豊根村

標高1358mの萩太郎山頂に広がるシバザクラの絨毯。見頃は5月下旬で、6種40万株が満開に。

497 小室山公園のツツジ
こむろやまこうえんのツツジ

静岡県 伊東市

山麓に広がる3万5000㎡のツツジ園で、40種、10万本が咲き誇る。見頃は4月下旬〜5月上旬。

499 糸川遊歩道
いとかわゆうほどう

静岡県 熱海市

市街地を流れる糸川沿いの遊歩道に、南米産のブーゲンビリアが咲く。開花時期は5〜7月。

東海

500 津屋川の彼岸花
つやがわのひがんばな

岐阜県 海津市

9月中旬〜下旬にかけて、津屋川堤防沿い約3kmに約10万本のヒガンバナが咲く。開花に合わせて「津屋川ひがん花まつり」も開催。周辺からは養老山地も見渡せる。

時間や天候で
水の色が変化する
神秘の洞窟

502

よこやまてんぼうだい
横山展望台

三重県　志摩市

標高203mの横山展望台からは、日本有数のリアス海岸の絶景を堪能できる。英虞湾に浮かぶ大小60以上の島々や複雑に突き出した半島、浮かぶカキの養殖筏が眺められる。

501

どうがしま てんそうどう
堂ヶ島 天窓洞

静岡県　西伊豆町

イタリア南部の「青の洞窟」を思わせる凝灰岩の洞窟。海食により地下には無数のトンネルが張り巡らされている。天井部分が丸く崩落した天窓洞は、遊覧船から見上げることができ、ほの暗い洞窟の中に光が差し込む様子は息をのむ美しさ。堂ヶ島遊歩道からは天窓洞を上から覗き込むことができる。

東海

503

のりくらスカイライン
乗鞍スカイライン

岐阜県　高山市

標高2702mの乗鞍岳畳平へ続く道路で、主峰で標高3026ｍの剣ヶ峰を始めとする北アルプスの山々を眺められる。開通期間は5月中旬〜10月下旬。

504 四日市の工場夜景
よっかいちのこうじょうやけい

三重県　四日市市

工場夜景の聖地と呼ばれる場所で、昭和30年代以降に形成された石油化学コンビナートはまるで要塞のよう。石油化学工場と石油精油所、火力発電所が休むことなく操業し、夜は保安ライトが灯りが幻想的な風景となる。夜景が目の前の運河に映る四日市ドーム前や、日本夜景遺産に認定された四日市港ポートビルなど、さまざまな場所から観賞できる。

505 木津路集落
（きづろしゅうらく）

三重県 熊野市

北山川に囲まれた蹄鉄のような地形の集落。見渡せるスポットまでツアー参加が一般的。

508 城ヶ崎海岸
（じょうがさきかいがん）

静岡県 伊東市

約9kmにわたり断崖絶壁が続く溶岩岩石海岸。高さ23mの吊り橋を渡る門脇吊橋はスリル満点。

509 丸山千枚田
（まるやません まいだ）

三重県 熊野市

約1340枚の田んぼが重なる日本最大級の棚田。5〜6月には水田に夕日が映り美しい。

506 上ヶ流の天空の茶畑
（かみがれのてんくうのちゃばたけ）

岐阜県 揖斐川町

標高300〜380mに広がる茶畑で、岐阜のマチュピチュと話題に。展望スポットまで徒歩約20分。

507 オアシス21

愛知県 名古屋市

繁華街の中心にある複合施設。ガラスの大屋根「水の宇宙船」から、町並みを一望できる。

510 筏場のわさび田
（いかだばのわさびだ）

静岡県 伊豆市

静岡水わさびの伝統栽培が受け継がれる名所。清流大見川の上流に1500枚のわさび田が広がる。

東海

511 韮山反射炉

にらやまはんしゃろ

静岡県　伊豆の国市 🏛

反射炉とは、金属を溶かし大砲などを鋳造するためのもので、韮山反射炉は江戸時代末期に完成。実際に稼働した反射炉として、国内で唯一現存する。炉体と煙突を合わせた塔は高さ約16m。南北にそれぞれ2炉、計4つの炉がL字型に配置されている。世界遺産「明治日本の産業革命遺産」に登録。

大砲が造られた
江戸時代末期の
幕府直営反射炉

512 半田赤レンガ建物

はんだあかレンガたてもの

愛知県　半田市

1898（明治31）年に建てられたカブトビールの製造工場。明治時代のレンガ建造として日本で屈指の規模を誇る。歴史展示や生カブトビールが飲めるカフェもある。

514 多治見市モザイクタイルミュージアム

たじみしモザイクタイルミュージアム

岐阜県　多治見市

全国一のモザイクタイル生産量を誇る笠原町にある。粘土山をイメージした外観が斬新！

©Akitsugu Kojima

東海

513 みんなの森 ぎふメディアコスモス

みんなのもり ぎふメディアコスモス

岐阜県　岐阜市

市立中央図書館や展示ギャラリーなどがある。岐阜の山々をイメージした木製格子屋根が特徴。

515 静岡県富士山世界遺産センター

しずおかけんふじさんせかいいさんセンター

静岡県　富士宮市

富士山の魅力や価値を発信する観光施設。建物の正面に広がる水深3cmの水盤に映る、ガラスのカーテンウォールや逆円錐形の木格子の壁が美しい。

516

モネのいけ（なもなきいけ）
モネの池（名もなき池）
岐阜県　関市

根道神社の敷地内にある名もなき池。印象派の画家・モネの名画「睡蓮」に似ていることからSNSで拡散され、全国的な知名度を誇る観光スポットとなった。湧き水が注ぐ池は、水草や池の底が見えるほど透明度が高い。スイレンが咲く6〜7月や紅葉が水面に映る秋、池周辺が雪化粧となる冬など、四季折々に楽しめる。雨天時は池が白濁する。

モネの名画が
ゆらゆらと
動き出す!?

519

とばしりつうみのはくぶつかん
鳥羽市立 海の博物館
三重県　鳥羽市

海女や漁など、海に関わる民俗資料を約6万点所蔵。木造船を集めた収蔵庫などが見どころ。

520

とよかわいなりのれいこづか
豊川稲荷の霊狐塚
愛知県　豊川市

通称「豊川稲荷」として親しまれる妙厳寺。霊狐塚には、祈願成就のお礼として奉納されたお狐さん800体以上が祀られている。

517 宇津ノ谷隧道（明治のトンネル）
うつのやずいどうめいじのトンネル

静岡県　静岡市

1876（明治9）年に完成した全長207mの日本初の有料トンネル。赤煉瓦造りで趣がある。

518 白鳥庭園
しろとりていえん

愛知県　名古屋市

中部地区最大級の規模を誇る日本庭園。秋の紅葉や冬の雪吊りなど、四季折々の風情が見事。

東海

521 岩屋堂公園
いわやどうこうえん

愛知県　瀬戸市

天然石の祠や瀬戸大滝と、鳥原川の渓谷美が満喫できる自然公園。紅葉の名所としても知られ、シーズン中は鮮やかな紅葉のアーチやライトアップが楽しめる。

社寺・城
Historic spot

約2000年の歴史を誇る心のふるさと

522 伊勢神宮
いせじんぐう

三重県　伊勢市

正式名称は神宮。日本人の総氏神・天照大御神を祀る内宮と外宮ほか125社からなる。写真は外宮の神域の入口に立つ第一鳥居。

523 二見興玉神社 夫婦岩
ふたみおきたまじんじゃ めおといわ

三重県　伊勢市

二見興玉神社の沖あい700mの海中にある鳥居。男岩と女岩が大しめ縄で結ばれ、いつしか縁結びのシンボルに。5〜7月は岩の間から昇る朝日が見られる。

524 三光稲荷神社
さんこういなりじんじゃ

愛知県　犬山市

国宝犬山城が立つ城山のふもとに鎮座する。境内には男女良縁や家内円満のご利益がある姫亀神社があり、鮮やかな朱の鳥居やピンクのハート絵馬が並ぶ。

525 名古屋城
なごやじょう

愛知県　名古屋市

1610（慶長15）年に、徳川家康が天下統一の最後の布石として築城。金鯱がのった大天守閣は工事のため閉館中だが、復元された本丸御殿や金シャチ横丁を見て回れる。

526 岩村城跡
いわむらじょうあと

岐阜県　岩村町

日本三大山城に数えられる名城。高低差180mの地形を生かした要害堅固な造りで、本丸周辺の石垣は巨大遺跡を思わせる壮大なスケール感。

527 国宝犬山城
こくほういぬやまじょう

愛知県　犬山市

室町時代の1537（天文6）年に建てられた城で国宝。現存する天守は日本最古のもの。木曽川のほとりにある小高い山に立ち、天守最上階から町が一望できる。

東海

529 <ruby>三島スカイウォーク<rt>みしまスカイウォーク</rt></ruby>

静岡県 三島市

日本一長い歩行者専用吊り橋で、正式名称は「箱根西麓・三島大吊橋」。全長400m、高さ70mの橋から、富士山や駿河湾、伊豆の山並みをパノラマで見渡せる。

528 寸又峡 夢の吊橋

すまたきょう ゆめのつりはし

静岡県 川根本町

大間ダム湖に架かる全長90m、高さ8mの吊り橋。光の波長によりエメラルドグリーンやコバルトブルーに輝く湖は、目を見張るような美しさ。橋の中央で恋の願い事をすると叶うと言われており、パワースポットとしても人気が高い。橋を渡る寸又峡プロムナードコースを歩いて、寸又峡の自然を満喫できる。

宝石のように
青く輝く
湖上を歩く

530 蓬萊橋

ほうらいばし

静岡県 島田市

全長897.4mを誇る、世界最長の木造歩道橋。1879（明治12）年に架けられた農業用の橋で、映画やドラマのロケ地としてもたびたび登場。日没後はライトアップされる。

531 北アルプス大橋
きたアルプスおおばし

岐阜県 高山市

新穂高温泉中尾高原と鍋平園地を結ぶ橋で、全長150m、高さ70m。橋から笠ヶ岳などの北アルプスの山々を一望できる。新緑や10月の紅葉が美しい。

532 奥大井レインボーブリッジ
おくおおいレインボーブリッジ

静岡県 川根本町

大井川鐵道井川線・大奥井湖上駅の両端からのびる橋。真っ赤な鉄橋と青い湖のコントラストが美しく、レトロなトロッコ列車が進む姿も風情豊かだ。

534 名港トリトン
めいこうトリトン

愛知県 名古屋市

伊勢湾岸自動車道に架かる3つの橋からなる斜張橋。季節ごとに変わるライトアップにも注目。

533 河津七滝ループ橋
かわづななだるループきょう

静岡県 河津町

国道414号線にあり、正式名称は「七滝高架橋」。高低差約45mを2回転しながら一気に下る。

535 桜エビ料理
（さくらエビりょうり）

静岡県

駿河湾名物の桜エビは「駿河湾の宝石」と称される。3～6月と10～12月の漁期が旬。とれたての新鮮なエビは生で食べても、かき揚げなどでも堪能できる。

536 伊勢うどん
（いせうどん）

三重県

江戸時代にお伊勢参りで広まった。たまり醤油とダシを混ぜたタレに、極太麺を絡めて食べる。

537 牡蠣
（かき）

三重県

鳥羽市浦村町でとれる牡蠣は、大粒でプリプリ。11～3月は、食べ放題が楽しめる牡蠣小屋が開く。

538 手こね寿司
（てこねずし）

三重県

志摩地方の郷土料理。原点は漁師飯で、醤油ダレに漬け込んだ主にカツオを盛ったちらし寿司。

539 味噌煮込みうどん
（みそにこみうどん）

愛知県

名古屋めしの代表格。ダシが香る赤味噌のつゆと硬めの麺が相性抜群。1人用の土鍋で味わう。

東海

COLUMN _ 06

「信長公のおもてなし」が息づく
戦国城下町・岐阜

540

ぎふじょうあと
岐阜城跡

岐阜県　岐阜市

1567（永禄10）年の稲葉山城の戦いで勝利した織田信長は、町を岐阜と名付ける。標高329mの金華山の山頂にあり、現在の復興天守は1956年に再建された三層四階建て。山頂まではロープウェイで行くことができ、濃尾平野全体を見渡す大パノラマが広がる。

戦国時代の武将・織田信秀の子として生まれた織田信長。当時、井口（いのくち）と呼ばれていた町の名を岐阜と改め、ここを拠点に天下統一を目指す。築城に加えて城下町を整備し、活気のある商業都市へと発展させた。さらに岐阜城の山麓に迎賓館を建て、来客に自慢の庭園を見せたり、時には山上の城まで案内して眺望を楽しませたという。長良川の鵜飼もそのひとつで、信長のおもてなしの精神はいまも至るところで継承されている。

日本遺産とは

文化庁が認定した、
地域の歴史的魅力や特色を通じて
日本の文化・伝統を語るストーリー。

その他の主な構成文化財

ぎふじょうふっこうてんしゅかく
岐阜城復興天守閣　岐阜県　岐阜市

ながらがわのうかいりょうのぎじゅつ
長良川の鵜飼漁の技術　岐阜県　岐阜市

せんじょうのゆうえんぶんか
船上の遊宴文化　岐阜県　岐阜市

おすしかいどうのまちなみ
御鮨街道のまちなみ　岐阜県　岐阜市

ぎふまつり
岐阜まつり　岐阜県　岐阜市

近畿

KINKI

滋賀
京都
大阪
兵庫
奈良
和歌山

近畿

きんき

府県別ダイジェストガイド

京都府 ●きょうとふ

日本の歴史が凝縮された古都

日本海から内陸に細長くのび、6県に囲まれている。北から丹後国、丹波国、山城国に分かれ、中央の丹波高原を挟んで北と南では気候も文化も違いがある。京都市は南部に位置。

DATA
●府庁所在地：京都市 ●市町村数：15市・10町・1村
●面積：4612㎢
●人口：約259万人

●名物・名品

伝統工芸品は挙げたらきりがなく、西陣織、京友禅、京漆器、京人形など。名物の京菓子も八ツ橋、本わらび餅、くずきりなどいろいろある。お茶も京銘茶として名品。

おみやげの定番、生八ツ橋。米粉で作るやわらかい皮に餡が挟まれている

●名所

一番の見どころは京都市の社寺。歴史、伝統、芸術の揃った日本の美を感じることができる。古い町並みそのものが見どころで、歩いて楽しめるのも魅力。京都北部の天橋立は日本三景のひとつ。

京都のしっとりとした町並みと八坂の塔（法観寺）

滋賀県 ●しがけん

日本一大きな琵琶湖が横たわる

周囲を山に囲まれ、中央にある日本最大の湖・琵琶湖が県の面積の6分の1を占める。琵琶湖を中心に湖北・湖東・湖西・湖南エリアに分かれ、大津市は湖南に位置している。

DATA
●県庁所在地：大津市 ●市町村数：13市・6町 ●面積：4017㎢ ●人口：約141万人

●名所

琵琶湖にまつわるスポットがメインだが、古くから交通の要衝として栄え、近江商人を生んだ歴史のある城下町も見どころ。彦根城も必見。

滋賀のシンボル、彦根城は国宝五城のひとつ

信楽焼の狸の置物は全国区

●名物・名品

工芸品では信楽焼、越前和紙、琵琶湖の淡水真珠など。食品では琵琶湖の魚の佃煮、鯖街道時代からの鯖料理も。

大阪府 ●おおさかふ

伝統と文化が息づく西日本の中心都市

大阪湾に面し、水上交通の要衝、豊臣秀吉の本拠地として栄華を極めた。その後は食物取引の中心地として「天下の台所」と呼ばれるように。多彩な伝統や食文化が根付いている。

DATA
●府庁所在地：大阪市 ●市町村数：33市・9町・1村 ●面積：1905㎢ ●人口：約882万人

●名物・名品

堺の刃物、錫の食器、大阪張り子、菅細工などが伝承されている。菓子は伝統的な和菓子から懐かしい洋菓子までバラエティー豊か。

伝統を受け継ぐ大阪錫器のタンポ

●名所

賑やかな町で食べ歩きするのが大阪の一番の楽しみ。2019年に堺市を中心とした49基の古墳が「百舌鳥・古市古墳群」として世界遺産に登録された。

食い倒れの町、新世界と通天閣

兵庫県 ●ひょうごけん

日本海と瀬戸内海 ふたつの海をもつ

北は日本海、南は瀬戸内海、東は京都府と大阪府に接し、西は鳥取県と岡山県の中国地方と接する。瀬戸内海に浮かぶ淡路島、家島諸島を擁する。神戸のある阪神間、北・東・中・西播磨、但馬、丹波、淡路の地域に分けられる。

DATA
●県庁所在地：神戸市 ●市町村数：29市・12町 ●面積：8400km² ●人口：約550万人

●名物・名品

世界的に有名な神戸牛を始め、手延べそうめん、清酒、淡路島の鳴門オレンジなどが特産品。線香は日本一の生産量を誇る。みやげの代表はゴーフル。

有馬温泉の炭酸泉を加えた「炭酸せんべい」も人気

●名所

摩耶山の掬星台展望台から望む阪神間の夜景

大都市の神戸、世界遺産の姫路城のほか、竹田城、淡路島を結ぶ明石海峡大橋など、近代と歴史、自然景観の見どころを満喫できる。淡路島には広大なお花畑が広がる。

奈良県 ●ならけん

悠久の時を刻む かつての都

北部の大和平野（奈良盆地）と南部の吉野山地からなる。奈良市は京都府と接し、人口の9割が周辺の大和平野に集中する。吉野山地には標高1915mの八剣山を始めとする山々が連なり、豊かな自然に触れられる。

DATA
●県庁所在地：奈良市 ●市町村数：12市・15町・12村 ●面積：3690km² ●人口：約134万人

●名所

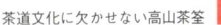

広大な平城宮跡で開催されるイベント「平城京天平祭・夏」

平城京からの歴史がある、社寺仏閣巡りが奈良の醍醐味。8つの社寺などが「古都奈良の文化財」として世界遺産に登録されている。奈良市内は比較的コンパクトで観光もしやすい。

●名物・名品

茶道文化に欠かせない高山茶筅

古くから商業で栄えた歴史があり、伝統工芸品は茶筅、筆、墨など日本の文化に欠かせないものが多い。名産品の吉野葛を使った葛きり、葛湯、くず餅などは奈良の名物。

●名物・名品

串本町の橋杭岩は不思議な岩が850mにかけて並ぶ

奈良県、三重県にまたがる「紀伊山地の霊場と参詣道」が世界遺産に登録されている。熊野古道を歩いて山深い那智大社と那智の滝などへ向かう聖地巡りの旅ができる。沿岸には海と奇岩の景勝地が点在。

和歌山県 ●わかやまけん

熊野古道を歩き 美しい海を望む

神聖な雰囲気と自然がいっぱいの高野山から、白砂と青い海が広がる海岸まで変化に富んだ景観が広がる。北から高野山、和歌山市、紀中、熊野、白浜・串本エリアがあり、紀の川の河口の平野に和歌山市の市街が広がる。

DATA
●県庁所在地：和歌山市 ●市町村数：9市・20町・1村 ●面積：4724km² ●人口：約94万人

●名所

全国1位の生産量を誇る紀州の梅。特に果肉がやわらかい紀州南高梅は最高級品。昔ながらの製法で手作りされる醤油も人気。

梅干しは和歌山の人気のみやげ

近畿

近畿エリア 絶景リスト

［全130カ所］

INDEX 541-670

兵庫県

和歌山県

京都府

滋賀県

大阪府

奈良県

近畿

541 瑠璃光院
るりこういん

京都府　京都市左京区

京都市街の北方、八瀬と呼ばれる地域にあり、春と秋のみ限定公開される寺院。多くの参拝者の視線を集めるのは、書院建築と、瑠璃の庭の青もみじが織りなす絶景。数十種類の苔を巧みに使って浄土の世界を表現したという瑠璃の庭を、書院の1、2階それぞれから眺められる。特に書院の2階では、窓枠や手すり、調度品と青もみじが絶妙に調和する風景に出合える。また、寺がある八瀬は青もみじや紅葉の名所であり、古くから皇族や貴族にも愛されてきた地域。池泉庭園の臥竜の庭、三条実美ゆかりの茶室「喜鶴亭」、八瀬のかま風呂の遺構など、境内に残る風雅な見どころも合わせてチェックしたい。青もみじが見られる春の拝観は4月中旬〜6月下旬頃で、秋の拝観は10月上旬〜12月上旬頃。公開の時期は年によって異なるのでHPで要確認。

まばゆい青もみじと
数寄屋建築の
コラボレーション

542 伏見稲荷大社の千本鳥居

ふしみいなりたいしゃのせんぼんとりい

京都府　京都市伏見区

山全体に1万基以上の鳥居があると言われる伏見稲荷大社。なかでも有名な景観が、本殿背後の参道に連なる朱塗りの千本鳥居。目にも鮮やかな鳥居は、祈願に訪れた崇敬者が、その願いが叶った感謝のしるしとして奉納したもの。五穀豊穣や商売繁昌のご利益がある神社として知られ、有名企業や団体から奉納されたものも多い。

543 東福寺
とうふくじ

京都府 　京都市東山区

京都屈指の紅葉スポットとして知られ、境内には約2000本ものモミジがある。本堂と開山堂をつなぐ約27mの通天橋は、南北朝時代に谷を渡る苦労から修行僧を助けるために架けられたもの。橋の上からは、洗玉澗と呼ばれる渓谷一面に広がる紅葉を眺められる（通天橋の上では写真撮影禁止）。写真は臥雲橋から紅葉越しに通天橋を望むアングル。

285

544 宝泉院
ほうせんいん

名刹が点在する里山・大原に立つ寺院で、同じく大原にある勝林院の僧房として平安末期に開かれた。客殿の外側に広がる庭園は、柱と鴨居、敷居を額縁に見立てて観賞する形式の「額縁庭園」。立ち去りがたいほど美しいという意味を込めて、盤桓園と名付けられている。庭園には青竹やモミジを始めさまざまな木々が植えられているが、なかでも近江富士をかたどったという樹齢約700年の五葉の松は必見。端正な額縁のなかに、松が堂々と枝を広げる様子が絵画的だ。拝観券とセットになった抹茶と和菓子を味わいながら、見る場所や角度によって異なる景色を楽しみたい。また、毎年春と秋には境内のライトアップを実施している（ライトアップ期間中は拝観のみ）。市街地から離れた大原の静寂のなかで、光を浴びる幻想的な庭園を観賞できる。

545 貴船神社
きふねじんじゃ

京都府 | 京都市左京区

京都の水源を守る神を祀る古社。87の石段
と春日灯籠が連なる参道は、神秘的な雰囲
気に包まれている。雪の日、七夕、紅葉期
など、季節ごとのライトアップも人気。

546 長谷寺
はせでら

奈良県 | 桜井市

牡丹、アジサイ、桜など四季折々
の花が見事なことから「花の御寺」
とも呼ばれる。秋は、小初瀬山の
中腹に立つ国宝・本堂を包むよう
に紅葉が色付く。

547 平安神宮
へいあんじんぐう

京都府 | 京都市左京区

平安遷都1100年を記念して明治時代に創建。平安京
の大内裏を再現した境内には、大極殿、蒼龍楼・白虎
楼などの雅やかな建物や、3万㎡もの神苑がある。

548 平等院鳳凰堂 🏛
びょうどういんほうおうどう

京都府 　宇治市

藤原道長の子・頼通によって開かれた寺。
当時から残る国宝・鳳凰堂は、極楽浄土を
イメージして建設。左右対称のデザインや、
修復でよみがえった当時の色彩に注目。

549 白鬚神社
しらひげじんじゃ

滋賀県 　高島市

琵琶湖のなかに立つ鳥居が印象的な神社
で、晴れた日は鳥居の奥に沖の島が見える。
創建から2000年経つと伝わり、湖の中か
ら突然鳥居が現れたとも言われる。

 近畿

550 八坂の塔
やさかのとう

京都府 　京都市東山区

聖徳太子が創建したと伝わり、室
町時代に再建された高さ46mの五
重塔は東山のシンボル。八坂通沿
いから見上げるほか、内部公開日
は二層目まで見学可能。

551 興福寺

こうふくじ

奈良県 奈良市 🏛

法相宗の大本山で、藤原氏の氏寺として平
城遷都の際に建てられた。五重塔、東金堂
など多数の伽藍が立つ。国宝の阿修羅像ほ
か貴重な仏像が安置されている。

552 三重塔と那智の滝

さんじゅうのとうとなちのたき

和歌山県 那智勝浦町 🏛

熊野速玉大社、熊野本宮大社と並ぶ熊野三
山の一社で、標高約330mの位置に立つ。
人の縁や願いを結ぶ神として信仰されるほ
か、那智の滝に延命長寿を願う人も。

553 日吉大社 (ひよしたいしゃ)

滋賀県 大津市

方除けや厄除けのご利益で有名。八王子山にある奥宮からは琵琶湖や坂本の町が望める。

556 談山神社 (たんざんじんじゃ)

奈良県 桜井市

祭神は藤原鎌足。高さ17mの木造・十三重塔は、鎌足を弔うために建てられたと伝わる。

557 浮御堂（満月寺） (うきみどう（まんげつじ）)

滋賀県 大津市

平安時代に湖上安全などのために創建。浮御堂の景色は、松尾芭蕉も俳句のテーマにしている。

554 春日大社 (かすがたいしゃ)

奈良県 奈良市

鮮やかな朱塗りの本社や、釣燈籠が並ぶ回廊が印象的。境内のシカは春日神のお使い。

555 住吉大社 (すみよしたいしゃ)

大阪府 大阪市

祓の神、航海安全の神として知られる。反橋を渡るとお祓いになるという信仰もある。

558 比叡山延暦寺 (ひえいざんえんりゃくじ)

滋賀県 大津市

最澄が開いた天台宗の総本山で、東塔、西塔、横川の3エリアで構成。写真は西塔の釈迦堂。

近畿

庭園
Garden

560 大徳寺 龍源院
だいとくじ りょうげんいん

京都府　京都市北区

大徳寺の公開塔頭で、方丈の周囲に5つの庭園がある。方丈南の一枝坦は禅宗独特の枯山水庭園。苔の石組が亀島、隅の石組が鶴島、最奥が蓬莱山を表現。

15の石が
静かに語りかける
禅の精神

559 龍安寺方丈庭園
（りょうあんじほうじょうていえん）

京都府　京都市右京区

室町幕府の管領・細川勝元が創建した臨済宗の寺院。方丈前には「ロックガーデン」の名で世界的に知られる石庭が広がる。東西25m、南北10mの白砂に15の石が配置された枯山水庭園で、作庭者、作庭年代、目的ともに謎に包まれている。どの角度からであっても15の石を一度に見ることはできず、そこに禅の教えが込められているという説もある。

561 東福寺 本坊庭園
（とうふくじ ほんぼうていえん）

京都府　京都市東山区

方丈の四方には、昭和の作庭家・重森三玲（しげもり みれい）が手がけたモダンな庭園がある。切石と苔による市松模様の北庭を始め、北斗七星を表現した東庭など個性に富む。

近畿

562 西芳寺（苔寺）

さいほうじ（こけでら）

京都府　京都市西京区

奈良時代に創建され、1339（暦応2）年に夢窓疎石によって中興。120種もの苔が庭園を造ることから、「苔寺」と呼ばれる。庭園は上段の枯山水庭園と下段の池泉回遊式庭園の二段構えで、国の史跡・特別名勝にも指定。緑の苔で覆われた島や石橋がある黄金池周辺では、特に幻想的な光景が見られる。参拝は事前申込・少人数制で、本堂での宗教行事に参加が必要。

563 玄宮園
げんきゅうえん

滋賀県　彦根市

彦根城内、天守の東北に広がる池泉回遊式
庭園。4代藩主の井伊直興が造営したもの
で、かつて賓客を迎えた臨池閣や、現在も
抹茶をいただける鳳翔台がある。

近畿

564 名勝 旧大乗院庭園
めいしょう きゅうだいじょういんていえん

奈良県　奈良市

興福寺の門跡寺院であった大乗院。中世に、
門跡を務めた尋尊大僧正の依頼で善阿弥に
よって改造された。善阿弥は足利義政に寵
愛された名庭師。東大池の中島に架かる反
り橋が印象的。

日
本
の
近
代
化
を
今
に
伝
え
る
無
人
島
群
へ

565

<ruby>友ヶ島<rt>ともがしま</rt></ruby>

和歌山県　和歌山市

紀淡海峡にある地ノ島、虎島、神島、沖ノ
島の総称。沖ノ島の中央部には400種もの
湿地帯植物が群生し、明治政府が海峡防備
のため設けた6カ所の砲台が残る。

566

<ruby>舞洲工場<rt>まいしまこうじょう</rt></ruby>（<ruby>舞洲スラッジセンター<rt>まいしまスラッジセンター</rt></ruby>）

大阪府　大阪市

大阪港の人工島にあり、ごみ焼却と粗大ご
み破砕施設を併設する清掃工場。ウィーン
の芸術家が手がけた外観は、周囲の緑と調
和するデザイン。予約制で見学可。

567 旧奈良監獄
きゅうならかんごく

奈良県　奈良市

1908（明治41）年に誕生した赤レンガ建築は日本最古の刑務所。ホテルが開業予定。

568 舞鶴赤れんがパーク
まいづるあかれんがパーク

京都府　舞鶴市

旧海軍舞鶴鎮守府開庁に伴い建てられた建物群。倉庫群を活用した博物館や飲食店などが並ぶ。

569 大阪市中央公会堂
おおさかしちゅうおうこうかいどう

大阪府　大阪市

大正時代に竣工した公会堂。展示室など一部を自由見学できるほか、ガイドツアーも実施。

570 南禅寺 水路閣
なんぜんじ すいろかく

京都府　京都市

南禅寺境内にある現役の疏水橋。古代ローマの水道橋を模して明治期に造られた。周囲を散策可。

近畿

眼下に広がる
滋賀の町並みと
マザーレイク

572 大台ヶ原の大蛇嵓

おおだいがはらのだいじゃぐら

奈良県　上北山村

標高1695mの日出ヶ岳を最高峰とする大台
ヶ原。年間降水量3500mmという多雨が育
んだ原生林や渓谷があり、断崖の上の大蛇
嵓からは雄大な自然景観が眺められる。

571 びわ湖テラス（びわ湖バレイ）
びわこテラス（ビワコバレイ）

滋賀県 大津市

冬はスキー場になる山岳リゾート施設、びわ湖バレイにあるオープンエアのテラス。ロープウェイで上る標高1108mの打見山にあり、The MainにあるGrand TerraceとNorth Terraceにはカフェも併設。ソファでのんびりしながら琵琶湖を一望できる。さらに標高の高い蓬莱山にあるCafé 360からは京都まで続く山々の稜線が見渡せる。

573 海金剛
うみこんごう

和歌山県 串本町

吉野熊野国立公園にある景勝地。鋭く切り立った巨岩に荒波が砕け散る様子を見下ろせる。

574 三段壁
さんだんべき

和歌山県 白浜町

千畳敷の南にそびえる60mの大岩壁を展望台から眺められる。熊野水軍ゆかりの洞窟もある。

近畿

575 まやさんからのやけい
摩耶山からの夜景
兵庫県　神戸市

神戸市街の北東に位置する六甲山地。なかでも摩耶山の掬星台から見る夜景は見事で、函館、長崎と並んで日本三大夜景のひとつに数えられる。大阪方面まで見わたせる。

576 うめだスカイビル
梅田スカイビル
大阪府　大阪市

地上40階建てのビル2棟を上層で連結した、梅田のランドマーク。地上170mの空中庭園展望台では、風に吹かれながら大都市・大阪を一望できる。

577 のせがわむらのうんかい
野迫川村の雲海
奈良県　野迫川村

奈良県の西南端に位置し、平均標高700mと高いため、立里荒神社を始め各所で雲海を見ることができる。気候条件が整った日の夜明けから早朝にかけてがおすすめ。

579 長谷の棚田

ながたにのたなだ

大阪府 能勢町

「ガマ」と呼ばれる石組の用排水路をもつ珍しい棚田。山あいに広がる曲線美が特徴的。

578 明日香村の棚田

あすかむらのたなだ

奈良県 明日香村

稲渕の棚田、阪田の棚田など、数カ所の棚田が残る。秋はヒガンバナとの競演も楽しみ。

580 あらぎ島の棚田

あらぎじまのたなだ

和歌山県 有田川町

有田川の河岸段丘に設けられた島のような棚田。江戸時代に造られ、いまも扇型の段に大小54枚の田んぼが広がっている。有田川を挟んだ対岸の展望台から眺められる。

近畿

581 下赤阪の棚田

しもあかさかのたなだ

大阪府 千早赤阪村

村に点在する棚田のなかでも、かつて楠木正成が戦った下赤阪城跡の下に広がる下赤阪の棚田が有名。秋は大阪ミュージアムの特別展としてライトアップも。

582

7月1日の吉符入りから31日の疫神社夏越祭まで、1カ月にわたって行われる八坂神社の祭礼。ハイライトは山鉾の駒形提灯に明かりが灯る宵山と、美術品や工芸品で飾られた山鉾が町を行く山鉾巡行。宵山と山鉾巡行は前祭(7月14〜17日)、後祭(7月21〜24日)の日程に分かれ、それぞれ登場する山鉾が違う。前祭は長刀鉾を始め23基、後祭は大船鉾など10基。

都大路に現れる
〝動く美術館〟に感動

583 那智の扇祭り

和歌山県 那智勝浦町

毎年7月14日に行われる熊野那智大社の例祭で、神々が滝にある飛瀧神社へ里帰りする。扇神輿を大松明の火で迎えることから「那智の火祭」とも呼ばれる。

584 若草山焼き
わかくさやまやき

奈良県 奈良市

1月の第4土曜の夜に行われる伝統行事。山にある鶯塚古墳の霊を鎮めるために山を焼いたのが始まりで、現在は大花火の打ち上げなどのイベントも同時開催。

585 多賀大社 万灯祭
たがたいしゃ まんとうさい

滋賀県 多賀町

黄泉の国を司る伊邪那美命に感謝を捧げる8月3〜5日開催の祭り。1万以上の提灯を奉納。

586 葵祭
あおいまつり

京都府 京都市

1400年前に起源をもつ、上賀茂神社と下鴨神社の例祭。5月15日、斎王代らが平安装束で巡行。

近畿

587 平城京天平祭・夏
へいじょうきょうてんぴょうさい・なつ

奈良県　奈良市

旧暦7月7日の七夕にちなみ、8月下旬に平城宮跡の朱雀門周辺「朱雀門ひろば」などで開催される。朱雀門前をろうそくの明かりで照らす燈花会や、天平衣装に身を包んだ人々の行列など、年によって異なる幻想的な催しが目白押し。最新の光の演出やステージイベントもあり、古代ロマンとの融合を楽しめる。夏のほか、春、秋に平城京天平祭も行われる。

588 大阪城天守閣
おおさかじょうてんしゅかく

大阪府　大阪市

豊臣氏滅亡後、徳川幕府によって壊され、現在の天守閣は昭和に復元されたもの。地上55m、五層八階の内部では豊臣家や城にまつわる資料を展示し、8階には展望所も。

589 岸和田城
きしわだじょう

大阪府　岸和田市

楠木正成の一族・和田高家の城が起源。昭和復元の三層三階の模擬天守には展示室がある。

590 長浜城歴史博物館
ながはまじょうれきしはくぶつかん

滋賀県　長浜市

豊臣秀吉の居城跡。博物館として秀吉や長浜の資料を展示し、展望台からは琵琶湖を望める。

591 竹田城跡
たけだじょうせき

兵庫県 朝来市

標高353.7mの古城山に築かれた、別名虎臥城。雲海に包まれることから「天空の城」とも呼ばれる。雲海に浮かぶ様子は9〜11月の早朝、向かいの朝来山にある立雲峡から見られる。

592 姫路城
ひめじじょう

兵庫県 姫路市

シラサギが羽を広げたような姿に見えることから「白鷺城」とも呼ばれる。現在の五層七階の大天守は1609（慶長14）年に築かれたもの。国宝で世界遺産。

593 彦根城
ひこねじょう

滋賀県 彦根市

徳川家の譜代大名井伊家の居城として井伊直継・直孝が建設した。切妻破風や入母屋破風を組み合わせた国宝の天守のほか、天秤櫓など貴重な文化財が残る。

594 安土城跡
あづちじょうせき

滋賀県 近江八幡市

1576（天正4）年、織田信長が丹羽長秀に造らせた城の跡。本能寺の変後に焼失したが石垣や家臣団の屋敷跡が残っており、大手道から入山することができる。

595 郡山城跡
こおりやまじょうせき

奈良県 大和郡山市

安土桃山時代に筒井順慶が築き、江戸時代には郡山藩が置かれた。現在の優美な追手門、櫓、天守台などは近年になって修復・整備されたもの。天守台展望施設もある。

近畿

古墳
Old tomb

古代日本列島の王たちが眠る一大古墳群

五色塚古墳
（ごしきづかこふん）

兵庫県 神戸市

明石海峡を見下ろす場所に立つ、4世紀後半の前方後円墳。墳丘の全長は194mで、周囲に幅約10mの濠がある。現在は葺石や埴輪を用いて復元されている。

596 百舌鳥古墳群
もずこふんぐん

大阪府 堺市

4世紀後半から5世紀後半に造られた古墳群で、2019年7月に羽曳野市・藤井寺市の古市古墳群とともに世界遺産に登録された。かつては100基以上の古墳があったと言われるが、現在は44基が残る。墳丘長486mという日本最大の前方後円墳・仁徳天皇陵古墳を始め、履中天皇陵古墳、ニサンザイ古墳など、規模や形がさまざまな古墳が点在。徒歩やレンタサイクルで巡れる。

近畿

598 石舞台古墳
いしぶたいこふん

奈良県 明日香村

蘇我馬子の墓とも言われる6世紀頃の古墳。巨石30個を積み上げた横穴式石室がむき出しになっていて、内部の見学も可能。石材の総重量は推定約2300t。

599
あまのはしだて
天橋立

京都府 宮津市

京都府北部、宮津湾に広がる特別名勝で、宮城県の松島、広島県の宮島とともに日本三景に数えられる。天橋立とは幅約20〜170m、全長約3.6kmの砂嘴でできた砂浜のことで、約5000本もの松が生い茂った地形が特徴。その形がまるで天に架かる橋のように見えることから「天橋立」の名前が付き、古くから和歌にも詠まれてきた。徒歩で片道約50分かけて渡ったり、自転車で駆け抜けたり、観光船に乗ったりと楽しみ方は自由。全体を見たいときは、高台にある天橋立ビューランドへ。飛龍観回廊からは360度のパノラマ景色を楽しめるほか、名物の股のぞき台もある。北側の府中地区にある傘松公園の展望台・スカイデッキからの眺めも見事。天橋立が昇り龍のように見えると言う。

まるで天に架かる橋
自然が作り出した
神秘の風景

600 曽爾高原
そにこうげん

奈良県 曽爾村

標高1038mの倶留尊山と、標高849mの亀山を結ぶエリアに広がる高原。毎年3月中旬に山焼きが行われ、春から夏にかけて豊かな緑が広がる。秋のススキも見事。

601 橋杭岩
はしぐいいわ

和歌山県 串本町

串本から大島へ、約850mにわたって大小約40の岩柱が立つ。弘法大師と天邪鬼の賭けにより一夜で立ったとも伝わる。橋の杭の形に似ているのが名の由来。

602 琴滝 ことたき

京都府 京丹波町

自然豊かな京丹波町にある、名前も姿も雅やかな滝。滝は高さ43mの一枚岩を流れ、その様子がまるで13弦の琴糸のように見えることから「琴滝」と名付けられた。古くから景勝地として親しまれ、不動明王と神も祀られている。滝の上には琴滝公園が整備され、遊歩道や吊り橋などを歩いて京丹波の自然に親しめる。

姿も音も琴のよう　山奥で出合う雅な滝

近畿

603 青龍洞
せいりゅうどう

兵庫県　豊岡市

玄武岩の石柱が並ぶ玄武洞公園
内にある。昇り龍の姿に見える
青龍洞は高さ33mの絶壁。

606 田原の海霧
たわらのうみぎり

和歌山県　串本町

12月から1月の早朝、放射冷却
により田原川上流で生まれた霧
が原因で見られる海霧。

604 古座川の一枚岩
こざがわのいちまいいわ

和歌山県　古座川町

巨岩、巨石群が多い古座川一帯
でも有名な、高さ100m、幅500
mの一枚岩。国の天然記念物。

607 みたらい渓谷
みたらいけいこく

奈良県　天川村

「近畿の屋根」とも言われる
大峯山系に囲まれた村にあ
る渓谷。川沿いに遊歩道や
吊り橋が設置されている。

605 次の滝
つぎのたき

和歌山県　有田川町

早月峡にある高さ約46mの
滝。和歌山県下で那智の滝
に次ぐ高さと言われたのが
名の由来。

608 虫喰岩
むしくいいわ

和歌山県　古座川町

火砕岩が風化して形成された虫
喰い状の岩で、国の天然記念物。
耳の病気平癒信仰もある。

609 シワガラの滝 シワガラのたき
兵庫県　新温泉町
小又川渓谷の洞窟内に流れ落ちる瀑布。苔むした岩と白い滝、洞窟が幻想的に調和する。

612 白崎海洋公園 しらさきかいようこうえん
和歌山県　由良町
岬全体が白い石灰岩でできた白崎海岸周辺の公園。道の駅や展望台など観光施設がある。

613 箕面大滝 みのおおおたき
大阪府　箕面市
明治の森箕面国定公園にある落差33mの滝。農具の箕の形に見えるのが滝と土地の名の由来。

610 円月島 えんげつとう
和歌山県　白浜町
臨海浦に浮かぶ南北130m、東西35m、高さ25mの島で正式名称は高嶋。夕景が有名。

611 白良浜 しらはま
和歌山県　白浜町
白浜に広がる、長さ620mの遠浅の浜。石英の砂による白い浜辺は海水浴場として人気。

614 立岩 たていわ
京都府　京丹後市
高さ20mの柱状節理の安山岩。麻呂子親王が鬼を岩に閉じ込めて退治したとも伝わる。

近畿

橋
Bridge

風光明媚な
嵐山に溶け込む
ランドマーク

615 渡月橋
とげつきょう

京都府 京都市

平安時代に川の南側にある法輪寺へ参詣するために架けられた155mの橋。初冬のイベント「京都・嵐山花灯路」の際にライトアップされることもある。

616 ほしだ園地 星のブランコ
ほしだえんち ほしのブランコ

大阪府 交野市

散策路やクライミングウォールの設備があるほしだ園地。標高180m、全長280m、最大地上高50mの木床版吊り橋、星のブランコで空中散歩を楽しめる。

617 琵琶湖大橋 (びわこおおはし)

滋賀県　大津市・守山市

琵琶湖で最も狭い部分である大津市の堅田と守山市の今浜を結ぶ有料橋。橋の下を通る大型観光船のため、大津市側がゆったりとしたアーチを描いている。

618 谷瀬の吊り橋 (たにぜのつりばし)

奈良県　十津川村

長さ297m、高さ54mという規模で、生活用としては日本一長い鉄線の吊り橋。谷瀬と上野地を結び、一度に20名以上は渡れないようになっている。

619 明石海峡大橋 (あかしかいきょうおおはし)

兵庫県　神戸市

神戸市と淡路島の間の明石海峡に架かる、橋長3911mの迫力ある吊り橋。「橋の科学館」の見学とセットで、橋の主塔に上れる見学ツアーも人気。

近畿

317

青い蓮が表現する
極楽浄土の
世界を体感

620 青蓮院門跡
しょうれんいんもんぜき

京都府 京都市東山区

東山にある青蓮院門跡は、最澄が比叡山延暦寺に造った僧房・青蓮坊が起源の寺。皇族や摂関家が門主を務めてきた門跡寺院であり、仮御所となった歴史があることから、粟田御所とも呼ばれている。境内の華頂殿で見られるのが、壁画作家・木村英輝氏が手がけた60面の襖絵「蓮一青の幻想・生命賛歌・極楽浄土」。蓮の花や葉が、アクリルガッシュなど現代の画材を使って青を基調にダイナミックに描かれている。面によって濃淡の違う蓮の周囲に、カエルやトンボ、カニなど、水辺の生き物がいきいきと表現されているのも特徴だ。華頂殿の外には池泉回遊式庭園の相阿弥の庭と、キリシマツツジが咲く霧島の庭が広がり、歩きながら観賞することもできる。御所風の雅な建物や意匠と合わせて拝観したい。

621 建仁寺の風神雷神

けんにんじのふうじんらいじん

1202（建仁2）年、源頼家の帰依を受けた栄西禅師が開いた、京都最古の禅寺である建仁寺。京都五山の第三位として隆盛を極め、詩文や芸術に優れた僧を生んだ寺としても知られる。建仁寺の寺宝のなかでも特に見逃せないのが、安土桃山時代から江戸時代に活動した絵師・俵屋宗達作の国宝「風神雷神図屏風」（方丈での展示はレプリカ）。琳派の祖である宗達が江戸時代初期に筆をとり、

金地の右隻に風神、左隻に雷神を描いている。大胆な構図や躍動感あふれる線、琳派ならではの「たらしこみ」の技法が用いられているのが特徴だ。そのほかにも境内には、芸術性の高い天井画や庭園などが多数。法堂の天井に108畳分の大きさで描かれた双龍図、四方から観賞できる潮音庭、木や石で図形を表現した〇△□乃庭など、禅宗寺院ならではの見どころをチェックしたい。

622 隨心院
ずいしんいん

京都府　京都市山科区

小野小町の住居跡とも言われる地に立つ。「極彩色梅匂小町絵図」は京都の2人組アートユニット・だるま商店が描いた襖絵。小野小町の生涯を描く。

623 妙心寺
みょうしんじ

京都府　京都市右京区

臨済宗妙心寺派の大本山。高さ10mの法堂天井の雲龍図は、狩野探幽が8年がかりで描いた作品。直径12mの大迫力で、説明を聞きながら拝観できる。

624 ミホミュージアム
MIHO MUSEUM
滋賀県 甲賀市

世界の古代美術コレクションの展示や、春・夏・秋の開館に合わせた企画展示を行う美術館。レセプション棟から、桜並木、トンネル、吊り橋を通って美術館棟へ。

625 むろうさんじょうこうえんげいじゅつのもり
室生山上公園芸術の森
奈良県 宇陀市

世界的彫刻家のダニ・カラヴァンが設計した公園。自然と芸術の調和をテーマにした作品に親しめる。敷地内には「螺旋の水路」など印象的な作品が点在。

近畿

626 こくりつこくさいびじゅつかん
国立国際美術館
大阪府 大阪市

中之島にある現代美術の拠点。外観は竹の生命力と現代美術の発展・成長をイメージ。

627 あわじゆめぶたい
淡路夢舞台
兵庫県 淡路島

建築家・安藤忠雄氏デザインの公園。百段苑、奇跡の星の植物館などの施設がある。

花
Flower

西行法師や
松尾芭蕉も詠んだ
春限定の景色

628 吉野山の桜
よしのやまのさくら

奈良県　吉野町

吉野山は1300年前に役行者によって開かれた山岳宗教・修験道の拠点。修験道の神木である桜が約3万本もあり、毎年4月初旬から下旬にかけて山全体がピンク色に染まる。シロヤマザクラを中心とした約200種の桜があり、下千本、中千本、上千本、奥千本と順に開花していく。金峯山寺や吉水神社の拝観と合わせて楽しみたい。

629 嵐山の竹林

あらしやまのちくりん

京都府 京都市

野宮神社から大河内山荘周辺まで、約300m
にわたって続く散策路。道の両側に高さ5〜
10mの青竹が並ぶ独特の景観は、京都市の
歴史的風土特別保存地区にも指定されてい
る。京都を舞台にしたドラマやCMにもたび
たび登場する、清涼感あふれる道だ。日中
は混雑することも多いので、比較的人が少
なくゆっくり散策できる早朝がおすすめ。

近畿

630 淡輪遊園
たんのわゆうえん

大阪府 岬町

明石海峡大橋などを見下ろす愛宕山丘陵一帯に広がり、4月下旬にツツジが咲き誇る。

633 大阪まいしまシーサイドパーク
おおさかまいしまシーサイドパーク

大阪府 大阪市

ネモフィラ約100万株が植えられている。4月中旬〜5月上旬にネモフィラ祭りを開催。

631 国営明石海峡公園
こくえいあかしかいきょうこうえん

兵庫県 淡路島

淡路島の北エリアに広がる国営公園。5月には月のテラスにネモフィラなどが咲く。

634 あわじ花さじき
あわじはなさじき

兵庫県 淡路島

淡路島の北部丘陵地域に広がる広大な花畑。7・9月にはそばなど珍しい花も咲く。

632 葛城公園のツツジ
かつらぎこうえんのツツジ

奈良県 御所市

ロープウェイで登れる葛城山の山頂はツツジの名所。毎年5月上〜中旬に満開になる。

635 第一なぎさ公園
だいいちなぎさこうえん

滋賀県 守山市

1月下旬〜2月上旬、カンザキハナナという早咲きの菜の花が約1万2000本開花することで有名。

636 草津市立水生植物公園みずの森
くさつしりつすいせいしょくぶつこうえんみずのもり

滋賀県 草津市

ハス、スイレン、ハナショウブなど多種多様の水生植物が見られる。8〜9月は巨大な葉をもつパラグアイオニバスに子どもが乗るイベントも開催される。

637 葛城古道の彼岸花
かつらぎこどうのひがんばな

奈良県 御所市

葛城山のふもとを通る約13kmの葛城古道。秋は九品寺周辺など各地でヒガンバナが見られる。

639 びわ湖バレイの水仙
びわこバレイのすいせん

滋賀県 大津市

5月上〜中旬、30万球もの水仙が咲き乱れる。山頂にあるスイセンの丘が散策エリア。

640 花博記念公園鶴見緑地
はなはくきねんこうえんつるみりょくち

大阪府 大阪市

季節の花が彩る約1.23km²の公園。5月頃、風車の丘にはネモフィラやチューリップが咲く。

638 本薬師寺跡のホテイアオイ
もとやくしじあとのホテイアオイ

奈良県 橿原市

薬師寺の前身の寺があった場所で、8月下旬〜9月下旬、ホテイアオイが見頃を迎える。

近畿

古都情緒が香る
歴史と伝統の花街を散策

641
ぎおんのまちなみ
祇園の町並み
京都府　京都市

いまもお茶屋や置屋が並ぶ雅な町。
祇園エリアには祇園甲部、宮川町、
祇園東という3つの花街があり、そ
れぞれ芸妓・舞妓が活動している。
最も賑やかなメインロード、花見小
路のほか、重要伝統的建造物群保存
地区になっている白川南通など散策
できるスポットも多い。

642 新世界
しんせかい

大阪府 大阪市

大阪市南部に広がる繁華街で、通天閣やジャンジャン横丁など大阪のシンボル的スポットがある。串カツ店や巨大看板がひしめき、独特の文化を形成している。

643 城崎温泉
きのさきおんせん

兵庫県 豊岡市

起源は飛鳥〜奈良時代にさかのぼるという歴史ある温泉で、柳が揺れる川沿いに旅館が立ち並ぶ。鴻の湯、まんだら湯など7つの外湯を巡りながら滞在するのが定番。

近畿

644 鴨川納涼床
かもがわのうりょうゆか

京都府 京都市

夏季（5〜9月）に鴨川沿いの飲食店に設置される屋外の席。京料理、イタリアン、バー、カフェなどジャンルはさまざまで利用しやすい。5・9月は昼営業の店もある。

645 **かやぶきの里**
（かやぶきのさと）
京都府　南丹市

茅葺きの民家が現存する美山町。国の重要
伝統的建造物群保存地区に選定されている
北集落には39棟の茅葺き屋根の民家が残
り、民宿やカフェ、資料館もある。

646 **伊根の舟屋**
（いねのふなや）
京都府　伊根町

1階に舟のガレージや作業場、2階に住居
を設けた建物を舟屋と呼ぶ。伊根湾には周
辺5kmにわたって舟屋が並び、重要伝統的
建造物群保存地区に指定されている。

647 **熊野古道**
（くまのこどう）
和歌山県　那智勝浦町

熊野三山である熊野速玉大社、熊野本宮大
社、熊野那智大社に参詣するための道の総
称で、「紀伊山地の霊場と参詣道」として
世界遺産に登録。写真は中辺路。

648 近江八幡水郷巡り
おうみはちまんすいごうめぐり

滋賀県 近江八幡市

古くから物資が行き交った水路を、船頭が舵をとる屋形船で回遊。桜と菜の花の競演も楽しみ。

650 富田林寺内町
とんだばやしじないまち

大阪府 富田林市

戦国時代に興正寺別院の寺内町として誕生。6筋7町の町割りや町家が残る。

649 近江八幡
おうみはちまん

滋賀県 近江八幡市

豊臣秀次が開いた城下町。近江商人の屋敷やヴォーリズ建築が残り、ロケ地としても人気。

651 伏見の酒蔵
ふしみのさかぐら

京都府 京都市

酒処として有名な伏見。レンガ造りの倉庫と煙突を残す松本酒造など、20以上の酒蔵が点在。

近畿

652 二寧坂
にねいざか

京都府 京都市

清水寺の参詣路として発展した坂道。石畳の道沿いに町家を活用したカフェやショップが並び人気を集める。坂を北へ向かうと高台寺、南へ向かうと産寧坂へ通じる。

のびのび暮らす
パンダを
間近で観察

653 アドベンチャーワールド
和歌山県　白浜町

サファリワールド、マリンワールド、エンジョイワールドからなるテーマパーク。希少生物の繁殖・育成を目指す。パーク内では6頭のパンダファミリーに会える。

654 メタセコイア並木の紅葉
メタセコイアなみきのこうよう
滋賀県　高島市

マキノ高原まで約2.4kmにわたって続くメタセコイア並木道。500本もの木の葉が色付く秋のほか、新緑や雪に彩られる季節も美しい。周辺に農業公園や道の駅もある。

655 京都鉄道博物館
きょうとてつどうはくぶつかん
京都府　京都市

「見る、さわる、体験する」がテーマの体験型博物館。国の重要文化財である扇形車庫には、明治から昭和に活躍したレトロな蒸気機関車約20両が並んでいる。

656 岡寺 おかでら

奈良県　明日香村

633（天智2）年、義淵僧正が草壁皇子の岡宮を賜って創建。「花の寺」とも呼ばれ、サツキや天竺牡丹、紅葉の美しさで有名。4月中旬～5月上旬はシャクナゲが咲く。

658 愛宕念仏寺 おたぎねんぶつじ

京都府　京都市

嵯峨野の奥、鳥居本にある寺院で、称徳天皇が建てた寺が起源。境内にある1200体もの表情豊かな羅漢像は、昭和に一般参拝者によって手彫りされたもの。

近畿

657 八坂庚申堂（金剛寺） やさかこうしんどう（こんごうじ）

京都府　京都市

八坂通に面して立つ庚申信仰の霊場。手足をくくられて欲を我慢する猿を表現した「くくり猿」に願いを託して奉納するのが定番。境内にはカラフルなくくり猿が多数。

662 北条の五百羅漢
ほうじょうのごひゃくらかん
兵庫県　加西市
江戸時代初期に作られたという石仏群。500体のなかに会いたい人の面影があると伝わる。

659 奈良公園のシカ
ならこうえんのシカ
奈良県　奈良市
春日大社の遣いとされるシカ。東大寺や春日大社がある奈良公園には1500頭のシカが暮らす。

660 キモノフォレスト
京都府　京都市
嵐電嵐山駅に並ぶポール。京友禅を使ったポールを林に見立て、夜はライトアップされる。

663 正寿院
しょうじゅいん
京都府　宇治田原町
約800年前に創建された寺院。客殿の「猪目」と呼ばれるハート型の窓や天井画が芸術的。

661 びわこ花噴水
びわこはなふんすい
滋賀県　大津市
琵琶湖の大津港沖あい180mの防波堤にある噴水。長さ約440m、高さ40mで迫力満点。

664 千里川土手からの飛行機
せんりがわどてからのひこうき
大阪府　豊中市
大阪伊丹空港滑走路に離着陸する飛行機を間近に見られる。航空機ファンの間で話題。

665 串カツ
（くしカツ）

大阪府

新世界発祥ともいわれ、肉、魚介、野菜など食材は多彩。ソース二度漬け禁止のルールもある。

667 たこ焼き
（たこやき）

大阪府

大阪B級グルメの代表格。難波や道頓堀に人気店が多く、店頭に行列ができることもある。

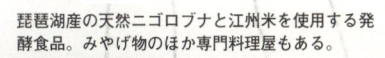

666 鮒ずし
（ふなずし）

滋賀県

琵琶湖産の天然ニゴロブナと江州米を使用する発酵食品。みやげ物のほか専門料理屋もある。

668 めはりずし

和歌山県

熊野地方の郷土料理。漬け込んだ高菜の葉の部分を使ってご飯を包んである。

近畿

669 柿の葉寿司
（かきのはずし）

奈良県

塩サバを握り飯に添え、柿の葉で包んだ保存食が原型と言われる。具はサバ、鮭、タイなど。

COLUMN_07

日本茶800年の歴史散歩

670

<ruby>原山の茶畑<rt>はらやまのちゃばたけ</rt></ruby>
原山の茶畑

京都府　和束町

京都府のお茶生産量1位の和束町の、古くからの生産地である原山にある円形の茶畑。標高300mほどの山間にあり、昼と夜の寒暖差や霧が発生しやすい条件などが美味しいお茶を生み出している。

宇治茶の生産は13世紀にさかのぼる。15世紀には将軍家が、宇治に特別な茶園「奥ノ山茶園」ほか七名園を設け、最高級のお茶を作らせた。16世紀には千利休らの要望に応じ、宇治で覆下栽培による「抹茶」が作られるように。18世紀になると、宇治田原で茶の新芽を蒸して手でもみ乾燥させる宇治製法が編み出され、日本を代表するお茶「煎茶」が誕生。さらに宇治で覆下栽培と宇治茶製法を結び付けた製茶技術の至高「玉露」が生み出された。約800年にわたり日本のお茶文化を支えた京都府南部のお茶生産。お茶の発展段階ごとの景観を残す、独特で美しい茶畑の風景が広がる。

日本遺産とは

文化庁が認定した、
地域の歴史的魅力や特色を通じて
日本の文化・伝統を語るストーリー。

その他の主な構成文化財

「おくのやま」ちゃえん
「奥ノ山」茶園　京都府　宇治市

ながたにそうえんせいか
永谷宗円生家　京都府　宇治田原町

いのおかのちゃばたけ
飯岡の茶畑　京都府　京田辺市

かみこまちゃどんやがい
上狛茶問屋街　京都府　木津川市

うじかみじんじゃ
宇治上神社　京都府　宇治市

中国

鳥取
島根
岡山
広島
山口

中国
ちゅうごく

県別ダイジェストガイド

島根県 ●しまねけん

神話と史跡と美しい海岸線

日本海に沿って約200kmの海岸線をもち、約40km沖には隠岐諸島、竹島が浮かぶ。出雲国で知られる出雲、世界遺産の石見銀山、山陰の小京都・津和野などがある。

DATA
●県庁所在地：松江市 ●市町村数：8市・10町・1村
●面積：6708km²
●人口：約68万人

●名物・名品

かつての城下町、松江は京都や金沢と並ぶ和菓子処。繊細な生菓子、ぜんざいの発祥とされる出雲ぜんざいが名物。食べ物では日本海の魚介類、宍道湖のシジミ、出雲そばなどが有名。

島根の県魚トビウオ。地元ではアゴと呼び、すり身を焼いた「あご野焼」は人気のみやげ

津和野みやげの定番「源氏巻き」。カステラ生地でこし餡を巻いたお菓子

●名所

「石見銀山遺跡とその文化景観」は世界遺産。夕日が美しい宍道湖、国宝の松江城、出雲大社、庭園で有名な足立美術館のほか、海岸の景勝地や隠岐諸島など見どころ満載。

隠岐ノ島のローソク岩に夕日が火が灯る

鳥取県 ●とっとりけん

沿岸の鳥取砂丘と美しい山容の大山

東西約120km、南北約50kmと細長い県で北は日本海に沿い、南西部には中国地方最高峰の大山がそびえる。有名な鳥取砂丘は鳥取市の北、千代川の河口域の海岸線に広がる。

DATA
●県庁所在地：鳥取市 ●市町村数：4市・14町・1村 ●面積：3507km² ●人口：約56万人

●名物・名品

鳥取砂丘でとれるらっきょうは色白で歯応えがいいブランド商品。フルーツではスイカやナシが多く栽培されている。日本海の新鮮な海の幸は種類が豊富で加工品もいろいろ。

「二十世紀梨」の生産量は全国一を誇り、旬は8月下旬～9月下旬

●名所

最大の観光スポットは鳥取砂丘。浦富海岸など海辺の景勝地がある一方で、鍵掛峠からは大山南壁が一望できる。倉吉市や琴浦町の古い町並み、桜の名所として知られる鹿野城趾公園なども人気の見どころ。

四季折々に表情を変える鳥取砂丘

岡山県 ◉おかやまけん

中国山地から瀬戸内海へ続く

鳥取県の南に横たわる中国山地を県境として瀬戸内海に向かって広がり、吉井川、旭川、高梁川の三大河川が北から南へと流れる。県内は備前、備中、美作地方に分けられる。瀬戸内海の笠岡諸島や日生諸島の87の島が属する。

DATA
●県庁所在地：岡山市 ●市町村数：15市・10町・2村 ●面積：7114㎢ ●人口：約190万人

● 名物・名品

桃太郎伝説がある岡山のみやげと言えば「きびだんご」。倉敷の「むらすずめ」も人気。フルーツでは白桃やブドウ、瀬戸内海でとれる魚介も豊富。

季節の花が咲く岡山後楽園から岡山城を望む

岡山で生まれたブドウ「瀬戸ジャイアンツ」

● 名所

漆黒の城と呼ばれる岡山城、日本三大庭園の後楽園、江戸情緒が漂う倉敷美観地区が代表的な観光スポット。瀬戸内海の島巡りも楽しめる。

広島県 ◉ひろしまけん

大都市・広島と瀬戸内海の島々

北の中国山地、南の瀬戸内海、川の流域に広がる平野部など段階となった地形をもち、気候や植生も異なる。瀬戸内海の有人無人142の島々が広島県に属する。広島市は河口のデルタに発展した、中国・四国地方最大の政令指定都市。

DATA
●県庁所在地：広島市 ●市町村数：14市・9町 ●面積：8479㎢ ●人口：約282万人

● 名物・名品

広島産レモンは国内の60％以上を占める全国一の生産量。ネーブルオレンジなどの柑橘系フルーツも多く作られている。おみやげの定番は「もみじ饅頭」。清酒も有名。

福山市の鞆の浦は万葉集にも詠まれた景勝地

宮島から広島を代表する銘菓となった「もみじ饅頭」

● 名所

原爆ドームと厳島神社は世界遺産。鞆の浦、御手洗、竹原といった古い町並みが人気スポット。瀬戸内しまなみ海道で四国へ行ける。

山口県 ◉やまぐちけん

海に囲まれた本州最西端の県

東は島根県と広島県、北は日本海、南は瀬戸内海、西は関門海峡を挟んで九州を望む、本州最西端の県。長い海岸線は1500㎞に及ぶ。ふたつの海と内陸部の3つの地域に分けられ、ほぼ中央に位置する山口市と関門海峡に面した下関市が2大都市。

DATA
●県庁所在地：山口市 ●市町村数：13市・6町 ●面積：6112㎢ ●人口：約138万人

● 名所

古い町並みが残る萩城下町、萩反射炉など4カ所が「明治日本の産業革命遺産」の構成資産として世界遺産に登録。須佐ホルンフェルス、秋芳洞などの自然景観、工場夜景、美しい海をまたぐ角島大橋などバラエティ豊か。

赤い鳥居が海に向かって並ぶ話題の元乃隅稲成神社

● 名物・名品

下関のフグの一夜干し、山口外郎（ういろう）などがみやげの定番。金魚ちょうちん、萩焼などの工芸品、フルーツではみかん（セトミ）、ユズの名産地。

室町時代の大名の名が付いた「大内人形」の雛人形

中国エリア絶景リスト

[全90カ所]

INDEX 671-760

島根県

山口県

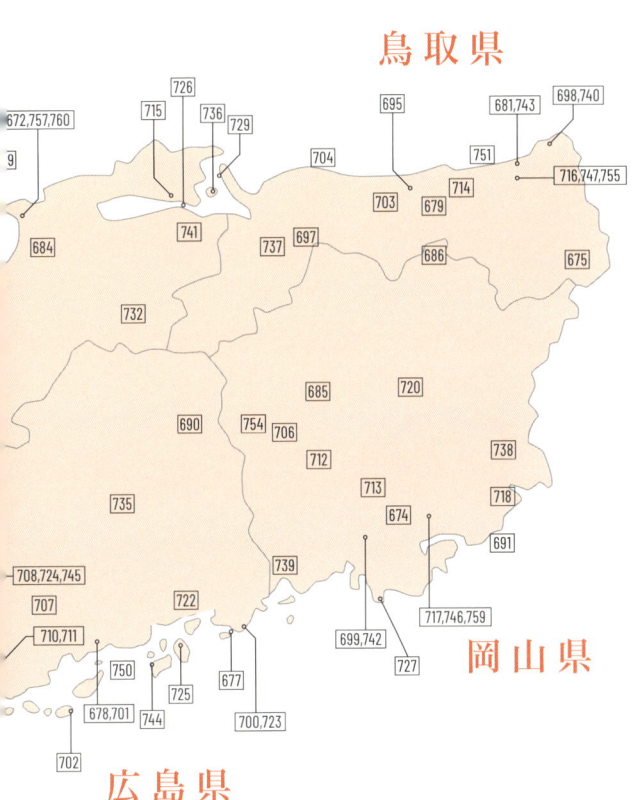

隠岐群島

鳥取県

岡山県

広島県

中国

海に浮かぶ
朱塗りの
美しい大鳥居

671

いつくしまじんじゃ
嚴島神社

広島県　廿日市市

宮島の海上に立つ、厳島神社の総本社。松島、天橋立と並び「安芸の宮島」として日本三景のひとつに数えられる。朱塗りの柱が美しい切妻両流造りの本殿は平安時代後期に建てられたのち、1571（元亀2）年に再建された。三女神が祀られている。本殿、拝殿、約240本の石の柱で支えられる平舞台などが、幅4m、長さ約275mの廻廊でつながり、潮が満ちると海に浮いているように見える。海に立つ大鳥居は高さが16mあり、刻々と変わる景色のなかで威厳のある姿を見せている。本殿、平舞台、高舞台は国宝に指定。1996年にはユネスコの世界文化遺産に登録された。2019年7月から、大鳥居は保存修理工事のため全体がシートで覆われている。工事終了は未定。

中国

672 出雲大社
いずもおおやしろ

島根県　出雲市

いずもたいしゃ、とも呼ばれる。大国主大神が祀られる大社造りの本殿は高さが24mあり、日本最古の神社建築様式で国宝に指定。神楽殿の大しめ縄は長さ13.6m、約5.2t。

673 元乃隅神社
もとのすみじんじゃ

山口県　長門市

海を望む断崖に向かって、123基の赤い鳥居が100m以上続く。高さ約6mの大鳥居には賽銭箱が設けられており、見事投げ入れることができれば願い事が叶うとされる。

674 吉備津神社
（きびつじんじゃ）

岡山県　岡山市

入母屋屋根がふたつ並ぶ吉備津造りが特徴の
神社。本殿と拝殿は国宝に指定されている。
約400mの長さがある廻廊や、若宮宮への長
い階段など壮大で風情のある景色が魅力。桃
太郎の鬼退治伝説発祥の地でもあり、鬼の首
が埋まっていると伝わる御釜殿で湯を沸かし、
釜の鳴る音で占う鳴釜神事が行われている。

中国

675 不動院岩屋堂

ふどういんいわやどう

鳥取県　若桜町

高さ13m、奥行き10mの天然の岩窟内に立つ。舞台造りの日本三大投入堂のひとつ。弘法大師が33歳の時に刻んだとされる不動明王が祀られている。

676 太皷谷稲成神社

たいこだにいなりじんじゃ

島根県　津和野町

「願望成就するお稲荷さま」が「稲成」の由来とされる日本五大稲荷のひとつ。千本鳥居をくぐり抜け、300mの石段を上った先からは津和野の町並みを一望できる。

677 阿伏兎観音

あぶとかんのん

広島県　福山市

瀬戸内海を望む岬の先端にある、安産祈願で知られる観音堂。母乳がたくさん出るようにと願いを込めた"おっぱい絵馬"が話題。正式名は磐台寺。

678 西方寺 普明閣
さいほうじ ふめいかく

広島県　竹原市

木造十一面観音立像を祀る、高台に立つ普明閣。方三間宝形造、本瓦葺の二重屋根、舞台造りが特徴。竹原のシンボルで、舞台からは町並みが一望できる。

679 三徳山三佛寺
みとくさんさんぶつじ

鳥取県　三朝町

日本一危険な国宝と言われ、三徳山中腹、標高約900mの断崖にある投入堂。修験者の修行の場であり霊場だった。間近で見るには本格的な登山修行の覚悟が必要。

中国

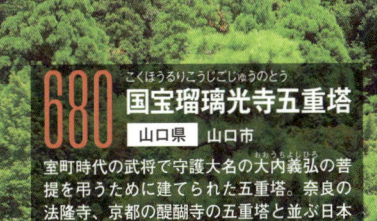

680 国宝瑠璃光寺五重塔
こくほうるりこうじごじゅうのとう

山口県　山口市

室町時代の武将で守護大名の大内義弘の菩提を弔うために建てられた五重塔。奈良の法隆寺、京都の醍醐寺の五重塔と並ぶ日本三名塔のひとつ。夜はライトアップされる。

681
とっとりさきゅう
鳥取砂丘

鳥取県　鳥取市

県内を流れる千代川によって海に運ばれた砂が、潮風と波で打ち上げられ、風により形成されたのが鳥取砂丘だ。山陰海岸国立公園内の海岸に沿って東西16km、南北2.4kmにわたって広がる。砂丘の最高地点「馬の背」は高さ約50mあり、登るのはひと苦労だが、頂上からは日本海が一望できる。深さ約40mの「すりばち」もあり、秋から春にかけては水が溜まる。砂の作り出す美しいシェイプや、滑り落ちた砂粒が作る砂簾、波打つ風紋がどこまでも続く自然の芸術は、時間帯によりさまざまな表情を見せてくれる。ラクダ乗りや、サンドボードなども体験できる。

日本海へと続く
砂丘と風紋は
芸術的な自然美

682 須佐ホルンフェルス
すさホルンフェルス

山口県　萩市

砂岩層と泥岩層がマグマの熱で変成岩に変化した断崖で、美しいストライプが特徴。沿岸をクルーズする須佐湾遊覧船や、断崖の下から眺められる。

683 秋芳洞
あきよしどう

山口県　美祢市

秋吉台に降った雨水が地下に染み込み、石灰岩を浸食してできた鍾乳洞。地下水の水たまりが長い年月をかけて階段状に固まった「百枚皿」などの見どころがある。

684
<ruby>立久恵峡<rt>たちくえきょう</rt></ruby>

島根県　出雲市

出雲市南部の神戸川上流にある、100〜200m
の奇岩柱石がそそり立つ景勝地。神戸川の
浸食や風化によってできたもので、約1km
にわたり続く。遊歩道が整備されている。

685
<ruby>満奇洞<rt>まきどう</rt></ruby>

岡山県　新見市

全長約450m、最大幅約25mの洞窟。日本
屈指のリムストーンが広がる「千枚田」や、
無数のストロー（鐘乳管）、石筍が見られる
巨大なホール「龍宮」などがある。

686
<ruby>岩井滝<rt>いわいだき</rt></ruby>

岡山県　鏡野町

県北部の山中、標高約830mにある滝で落
差約10m、幅約6m。「裏見の滝」とも呼ば
れ、滝の裏側を歩くことができる。冬には
全体が凍り付いた氷瀑が見られる。

中国

687 青海島（おおみじま）
山口県　長門市

日本海にある周囲約40kmの島で、北岸は断崖絶壁や奇岩が並び「海上アルプス」と称される。

690 帝釈峡（たいしゃくきょう）
広島県　庄原市

カルスト地形の長さ18kmに及ぶ峡谷。鍾乳洞や天然の橋「雄橋」、紅葉が美しい神龍湖がある。

688 壇鏡の滝（だんぎょうのたき）
島根県　隠岐の島

壇鏡神社の両側に落差約40mの雄滝と雌滝がある。雄滝は裏側から見ることができる「裏見の滝」。

691 牛窓ヴィーナスロード（黒島）（うしまどヴィーナスロード（くろしま））
岡山県　瀬戸内市

牛窓の沖きあい。干潮時に黒島、中ノ小島、端ノ小島が砂州でつながる。ツアー参加（要予約）で行ける。

689 日御碕（日御碕神社）（ひのみさき（ひのみさきじんじゃ））
島根県　出雲市

43.65mと日本一の高さを誇る「出雲日御碕灯台」が立つ。昼は空に白く映え、夕暮れは黄金色に。

692 石見畳ヶ浦（いわみたたみがうら）
島根県　浜田市

1600万年前の地層の海岸。貝や鯨の化石、ノジュールと呼ばれる球状の岩が見られる。

693 国賀海岸
くにがかいがん

島根県　西ノ島

隠岐諸島の西ノ島にある、海面からそそり立つ海岸。海抜257mの絶壁「摩天崖」は放牧地。

696 隠岐の島のローソク島
おきのしまのローソクじま

島根県　隠岐の島

隠岐の島の主島、島後にある高さ20mの小島。夕日が岩の先端に重なるとろうそくのよう。

694 弥山
みせん

広島県　廿日市市

宮島の中央に位置する標高535mの山。弘法大師により806年に開基された霊場。山頂に巨石がある。

697 鍵掛峠
かぎかけとうげ

鳥取県　江府町

大山南壁の荒々しい山肌と、中腹に広がるブナ林の紅葉を標高約910mの峠から一望できる。

695 東郷湖と四ツ手網
とうごうことよつであみ

鳥取県　湯梨浜町

鶴が翼を広げたような形から「鶴の湖」とも。独特な仕掛け網でエビや小ブナをとる小屋がある。

698 浦富海岸
うらどめかいがん

鳥取県　岩美町

15kmにわたるリアス海岸。宮城県の松島に似ていることから「山陰の松島」とも呼ばれる。

なまこ壁の
土蔵が並ぶ
風情ある町並み

699 倉敷美観地区
くらしきびかんちく

岡山県 倉敷市

江戸から明治にかけて倉敷川に沿って建てられた、なまこ壁の土蔵や格子窓の町家が立ち並ぶ倉敷美観地区。古い町並みを眺めながらの散策や、それらの建物を利用したギャラリーの見学、カフェ巡りなどが楽しめる。写真の洋館は1917(大正6)年に倉敷町役場として建てられたもので、現在は観光案内所になっている倉敷館。夜は一帯がライトアップされて幻想的な雰囲気になる。船頭が竹竿1本を操り倉敷川をゆっくりと進む「くらしき川舟流し」も人気。

鞆の浦
（とものうら）

広島県　福山市

日本初の国立公園に指定された瀬戸内海の景勝地。北前船の寄港地として栄えた。高さ5.5mある江戸時代の常夜灯がシンボル。

701

竹原町並み保存地区
（たけはらまちなみほぞんちく）

広島県　竹原市

京都下鴨神社の荘園として栄え「安芸の小京都」と呼ばれた。製塩業や酒造業の屋敷が残る。

702

御手洗町並み保存地区
（みたらいまちなみほぞんちく）

広島県　呉市

江戸時代に瀬戸内海の中継港として栄えた。埋め立てた土地に商家、茶屋、神社などが集中。

703 倉吉白壁土蔵群
くらよししらかべどぞうぐん

鳥取県　倉吉市

江戸・明治期に玉川沿いに建てられた白壁に赤瓦の土蔵が並ぶ。当時の醤油屋や造り酒屋などが残る。

705 萩の町並み
はぎのまちなみ

🏛

山口県　萩市

萩城の城下町は碁盤目状に区画され、白壁やなまこ壁、黒板塀の武家屋敷が軒を連ねている。

704 光の鏝絵
みつのこてえ

鳥取県　琴浦町

蔵飾りと呼ばれる鏝絵が施されている地区。漆喰の壁に鶴や亀、鯉などの縁起物が描かれている。

706 吹屋の町並み
ふきやのまちなみ

岡山県　高梁市

江戸時代に赤色顔料ベンガラの産地として栄えた吹屋地区。ベンガラ色で統一された町並みが残る。

707 西条酒蔵通り
さいじょうさかぐらとおり

広島県　東広島市

灘・伏見と並ぶ銘醸地として知られ、赤レンガの煙突やなまこ壁の酒蔵、洋館社屋など酒造施設が立ち並ぶ。

中国

357

708 原爆ドーム
げんばくドーム

🏛

広島県 | **広島市**

1915（大正4）年、広島の物産を展示する「広島県物産陳列館」として完成した、大きなドームを持つネオ・バロック様式の建物。第二次世界大戦末期の1945（昭和20）年8月6日、アメリカ軍が広島に原爆を投下したことにより、建物は中央のドーム部分のみ残してほぼ全壊する。終戦後の1955年、広島平和記念公園が整備され、原爆ドームは恒久の平和を願うシンボルとなった。1996年にユネスコの世界文化遺産に登録。

鉄骨のドームは
戦争の歴史が刻まれた
平和を願うシンボル

709 石見銀山

いわみぎんざん

島根県　大田市

日本最大級の銀山跡。鎌倉時代末期から江戸時代にかけて最盛期を迎えた。銀鉱山跡と鉱山町、銀を積み出した港など14資産が石見銀山遺跡として世界遺産に登録。

710 呉艦船めぐり

くれかんせんめぐり

広島県　呉市

軍港クルージングでは海上自衛隊の潜水艦や護衛艦など、海上自衛隊呉基地に停泊する艦船を船上から間近に見ることができる。海上自衛隊自衛官OBによる案内もある。

711 てつのくじら館

てつのくじらかん

広島県　呉市

海上自衛隊呉史料館にある、実際に使用されていた全長76mの潜水艦「あきしお」。潜水艦の構造や艦内生活の様子を展示。艦内見学もできる。

中国

城
Castle

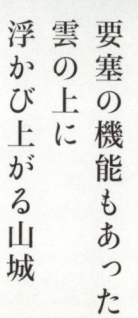

要塞の機能もあった
雲の上に
浮かび上がる山城

712 備中松山城
びっちゅうまつやまじょう

岡山県　高梁市

鎌倉時代に築かれ、天守のある城となったのは1683年とされる。臥牛山の430mの位置にあり、天守が現存する山城としては日本唯一。二重櫓、土塀の一部が残り、本丸南御門ほか多くが忠実に復元されている。城へはバス終点から山道を歩いて行く。備中松山城展望台からは、9月下旬〜4月上旬にかけて雲海に浮かぶ城が見られる。

713 鬼ノ城（鬼城山）
きのじょう（きのじょうざん）

岡山県　総社市

飛鳥時代に天智天皇が大陸や朝鮮半島からの侵略に備えて造った古代の山城跡。石垣が残る。

715 松江城
まつえじょう

島根県 **松江市**

天守12城のうち国宝五城のひとつ。天守は4重で瓦屋根の上に木造のしゃちほこがのる。

716 鳥取城跡
とっとりじょうあと

鳥取県 **鳥取市**

豊臣秀吉の兵糧攻めで知られる城。周囲は久松公園として整備され、桜の名所で知られる。

717 岡山城
おかやまじょう

岡山県 **岡山市**

宇喜多秀家が1597年に築城。三層六階建ての天守閣は黒漆塗りが特徴。北側に後楽園がある。

714 鹿野城跡公園
しかのじょうしこうえん

鳥取県 **鳥取市**

城跡に500本のソメイヨシノがあり、ライトアップされた桜が堀の水面に映る様子は美しい。

眺望
View

空と海が染まる
ドラマチックな
虫明湾の朝焼け

718
むしあげせとのあけぼの
虫明迫門の曙
岡山県　瀬戸内市

深い入江になった虫明漁港から望む瀬戸内海の朝日は、長島と鴻島の間から昇ってくる。その先にも大多府島、頭島、鹿久居島と複雑な地形が望める。朱色や金色に染まる空と海、黒い島のシルエット、海に浮かぶ無数のカキの養殖筏が作り出す絶景は、古くから和歌にも詠まれてきた。秋には朝日が海に映る「だるま朝日」が見られることもある。

719

しゅうなんこうじょうやけい
周南工場夜景

山口県 周南市

徳山駅の南の臨海部には、石油化学、鉄鋼、セメントなどのコンビナート群が広がる。煙突やクレーンなどが立ち並び、さまざまな色のライトが点灯する幻想的な工場夜景は、山口県を代表する見どころ。港公園や金剛山などビュースポットが周辺各地に点在し、特に晴海親水公園から眺める工場夜景は日本夜景遺産に認定されている。

720 大垪和西の棚田
おおはがにしのたなだ

岡山県　美咲町

江戸時代中期に開発された、瀬戸内地域で最大規模の棚田。標高315〜465mの山間地に約850枚の棚田が、すり鉢状に続いている。春に水が張られた様子も美しい。

721 東後畑棚田
ひがしうしろばたたなだ

山口県　長門市

向津具半島を中心に広がる規模の大きな棚田。棚田の先には日本海が広がり、5月中旬〜8月上旬にかけての夜には、無数のイカ釣り船の漁り火が見られる。

722 千光寺からの尾道
せんこうじからのおのみち

広島県　尾道市

大宝山の中腹にある、弘法大師が開いたとされる古刹。朱塗りの本堂からは尾道が一望できる。

724 おりづるタワー

広島県　広島市

ウッドデッキで開放的な屋上展望台からは、広島平和記念公園や宮島の弥山まで見渡せる。

725 白滝山と五百羅漢
しらたきやまとごひゃくらかん

広島県　尾道市

五百羅漢の石仏が立ち並ぶ、標高約227mの岩山。瀬戸内海に浮かぶ島々と因島大橋が望める。

723 医王寺からの鞆の浦
いおうじからのとものうら

広島県　福山市

後山の中腹にある医王寺の太子殿は、目の前に鞆の浦と仙酔島が望める人気スポット。

726 宍道湖
しんじこ

島根県　松江市

周囲約45kmの汽水湖で夕日の絶景スポットとして有名。湖上に浮かぶのは周囲240mの嫁ヶ島。

中国

橋
Bridge

727 瀬戸大橋
せとおおはし

| 岡山県 | 倉敷市 |
| 香川県 | 坂出市 |

本州と四国の5つの島の間を結ぶ6つの橋梁からなる13.1kmの橋。鷲羽山からは四国まで一望できる。

728 角島大橋
つのしまおおはし

| 山口県 | 下関市 |

角島に架かる1780mの橋で、エメラルドグリーンの海の景観に溶け込むよう橋脚の高さを抑えている。

729 江島大橋
えしまおおはし

| 鳥取県 | 境港市 |
| 島根県 | 松江市 |

全長約1446mで船が通れるように最上部の高さは45m。勾配がきつくジェットコースターのように見える。

730 みもすそ川公園からの関門橋
みもすそがわこうえんからのかんもんきょう

| 山口県 | 下関市 |

関門海峡に架かる全長1068m、幅26m、満潮時で高さ61mの吊り橋。壇ノ浦にある公園から一望できる。

いくつもの島をまたいで本州と四国をつなぐ

731 錦帯橋
きんたいきょう

山口県 **岩国市**

錦川に架かる木造の5連構造の橋で江戸時代から受け継がれる。全長193.3m、最高点は川床から13m。

中国

732 舌震の"恋"吊橋
したぶるいのこいつりばし

島根県 **奥出雲町**

3kmにわたる急流で浸食された「鬼の舌震」と呼ばれる渓谷にある高さ45m、長さ160mの吊り橋。

733 惣郷川橋梁
そうごうがわきょうりょう

山口県 **阿武町**

1932年に完成したJR山陰本線の白須川に架かる、全長189mの鉄筋コンクリート鉄道橋。

花
Flower

734
かさやまつばきぐんせいりん
笠山椿群生林
山口県　萩市

北長門海岸国定公園の中心に位置する標高約
110ｍの笠山。北側には約2万5000本のヤブツ
バキが自生し、背の高い椿の並木が続く。椿の
種類は約60種類あり、開花期間は12月上旬〜
3月下旬。見頃は2月中旬〜3月下旬で、咲き
終わった花が落ち、あたりを赤く彩る。群生
林内には遊歩道が整備され、地上約13ｍの展
望台からは椿群生林や日本海が一望できる。

カラフルに咲き競う
スケールの大きな
チューリップ園

735 せらこうげんのうじょうのチューリップ
世羅高原農場のチューリップ
広島県 世羅町

約6万5000㎡の広大な敷地に約300品種、75万本ものチューリップが咲く観光農園。色ごとにストライプ状に植えられたチューリップは壮観。約20万本ものチューリップで描く花絵は日本最大級だ。見頃は4月中旬〜5月10日頃。ほかにも夏はヒマワリ、秋はダリアとさまざまな花が咲く。広いので散策には1時間30分〜2時間はみておきたい。

中国

赤・白・ピンクの牡丹の花が水面を覆い尽くす

737 とっとり花回廊
とっとりはなかいろう
鳥取県　南部町

大山を望む、約50万㎡の日本最大級のフラワーパーク。ガーデンのほか大温室や展示館がある。

738 藤公園
ふじこうえん
岡山県　和気町

幅7m、総延長500mの藤棚に約100種類、150本のフジが咲く。見頃は4月下旬〜5月上旬。

736 日本庭園 由志園
にほんていえん ゆうしえん

島根県 松江市

松江市街から大海崎堤防を通って行くことができる中海に浮かぶ大根島は、日本一の牡丹の生産地。500品種以上の牡丹を栽培する由志園には、出雲の風景を模した池泉回遊式日本庭園があり、年間を通じて牡丹を楽しむことができる。4月下旬〜5月上旬にかけては3万輪の牡丹の花が水面を覆う池泉牡丹が見られる。

739 笠岡湾干拓地
かさおかわんかんたくち

岡山県 笠岡市

3月中旬〜4月上旬にかけて1000万本の菜の花、5月にはポピー、8月上旬にはヒマワリが咲く。

740 岩美町のカキツバタ群落
いわみちょうのカキツバタぐんらく

鳥取県 岩美町

岩美町には唐川湿原と牧谷、又助池にカキツバタ群落があり、5月中旬〜6月初旬が見頃。

中国

芸術
Art

借景の山々と
一体化した
日本画のような庭園

741 足立美術館 あだちびじゅつかん

島根県　安来市

名園と横山大観コレクションで知られる。創設者の足立全康が「庭園もまた一幅の絵画である」との強い信念で作庭した5万坪の広大な日本庭園は四季折々に美しい。

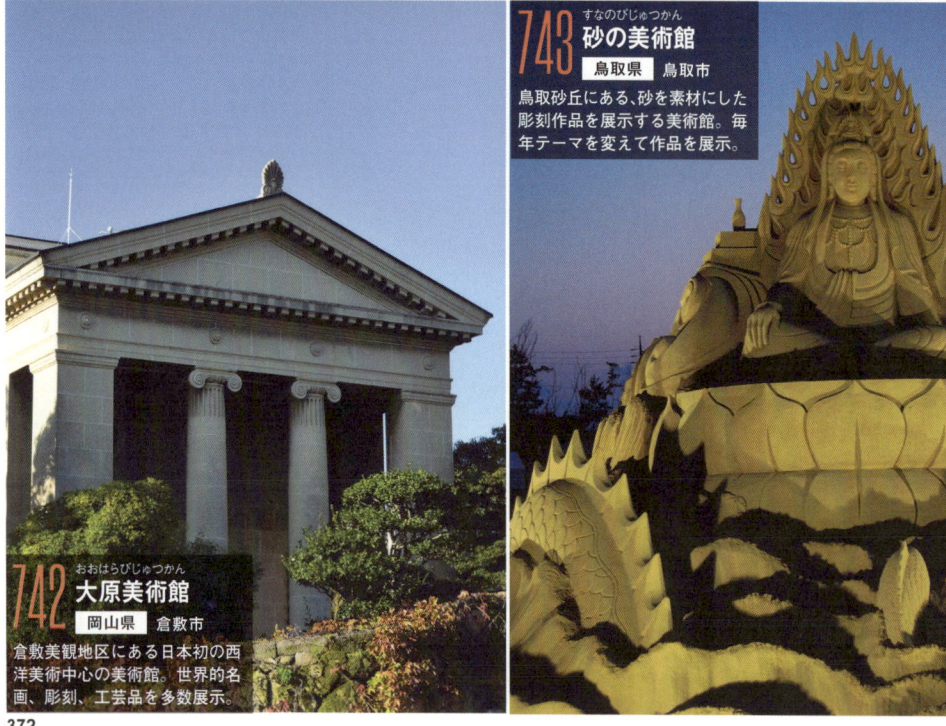

743 砂の美術館 すなのびじゅつかん

鳥取県　鳥取市

鳥取砂丘にある、砂を素材にした彫刻作品を展示する美術館。毎年テーマを変えて作品を展示。

742 大原美術館 おおはらびじゅつかん

岡山県　倉敷市

倉敷美観地区にある日本初の西洋美術中心の美術館。世界的名画、彫刻、工芸品を多数展示。

744 耕三寺博物館 未来心の丘
こうさんじはくぶつかん みらいしんのおか

広島県 尾道市

生口島の耕三寺が管理するアート庭園。彫刻家・杭谷一東による、イタリア産の白い大理石を使った彫刻作品が並ぶ。小高い場所に合掌しているような「光明の塔」がある。

746 岡山後楽園
おかやまこうらくえん

岡山県 岡山市

岡山藩2代目藩主・池田綱政が築いた大名庭園で、日本三名園のひとつ。特別名勝に指定。

745 広島市現代美術館
ひろしましげんだいびじゅつかん

広島県 広島市

黒川紀章が建築設計を手がけた、古代ヨーロッパと日本の伝統が融合したような外観が印象的。

中国

748 柳井金魚ちょうちん祭り
やないきんぎょちょうちんまつり

山口県　柳井市

毎年8月13日に開催される、柳井の民芸品
「金魚ちょうちん」を飾る祭り。数千個の金
魚ちょうちんが軒下に吊るされ風情がある。
高さ3mほどの金魚ねぶたも練り歩く。

747 鳥取しゃんしゃん祭

とっとりしゃんしゃんまつり

鳥取県　鳥取市

毎年8月13日〜15日に開催される夏祭り。地元の神社の例祭と合わせて始まった鳥取祭に、市民が参加できるよう考案。伝統的な雨乞いの踊り「因幡の傘踊り」をもとに振り付けした「きなんせ節」を採用し、「しゃんしゃん祭」と名付けられた。傘は竹の骨組みに和紙を張って赤・青に塗り、短冊を飾って鈴を付けたもので「しゃんしゃん」と音がする。

4千人を超える踊り子の一斉傘踊り

749 防府天満宮御誕辰祭

ほうふてんまんぐうごたんしんさい

山口県　防府市

菅原道真を祀り、904（延喜4）年に創建された日本で最初の天神様。道真公の誕生日を祝う祭りで8月3〜5日の3日間、花火大会やろうそくが灯る万灯祭献灯が行われる。

話題・名物
Topic・Local food

750 大久野島
おおくのしま

広島県 竹原市

毒ガス工場があった暗い過去を一転して、900羽ものウサギが生息するウサギの島として世界的に有名。

島根県立しまね海洋館「幸せのバブルリング」®

752 島根県立しまね海洋館アクアス
しまねけんりつしまねかいようかんアクアス

島根県 浜田市

西日本で唯一、北極圏に生息するシロイルカのパフォーマンスが見られる。バブルリングが見事。

751 白兎神社
はくとじんじゃ

鳥取県 鳥取市

神話「因幡の白うさぎ」の舞台で、縁結びの神様と言われる白うさぎにちなんだうさぎ灯籠が並ぶ。

753 別府弁天池
べっぷべんてんいけ

山口県 美祢市

別府厳島神社の境内にあり、カルスト台地の伏流水が毎分11tも湧き出ている。透明感が神秘的。

754 天王八幡神社の金ボタル
てんのうはちまんじんじゃのキンボタル

岡山県 新見市

別名ヒメボタルと呼ばれる、キンボタルの生息地として天然記念物に指定。光るのは7月10日前後の10日間。

755 松葉ガニ
（まつばガニ）
鳥取県

鳥取の冬の味覚の代表格。松葉ガニはズワイガニの成長した雄のことで身が詰まっている。

757 出雲そば
（いずもそば）
島根県

日本三大そばのひとつ。江戸時代に広まり、出雲大社のお参りの際にそばを食べる慣習となった。

756 あなご飯
（あなごめし）
広島県

瀬戸内地方の名物料理で宮島が有名。宮島近海の穴子を白焼きにしてタレを絡めたもの。

758 瓦そば
（かわらそば）
山口県

川棚温泉が発祥。瓦の上に炒めた茶そば、錦糸卵、味付けした牛肉などをトッピングしてある。

759 ばら寿司
（ばらずし）
岡山県

もとは具を下に隠していたが、いまは魚や野菜など岡山の特産物をたくさん散らす。

中国

COLUMN_08

日 が 沈 む 聖 地 出 雲

〜神が創り出した地の夕日を巡る〜

760

いなさのはま
稲佐の浜

島根県　出雲市

南北約10kmにわたる砂浜、園の長浜の北端にある稲佐の浜。砂浜にある丸い島は、シンボルの弁天島。ここから望む夕景は、海と空が赤く染まるなか、島のシルエットが浮かび上がり神秘的だ。夏は周辺で海水浴が楽しめる。

島根半島の海岸線は夕日の絶景スポットとして有名。そのなかでも稲佐の浜と日御碕は、夕日の聖地と崇められている。『古事記』『日本書紀』の「国譲り神話」では、出雲大社の祭神であるオオクニヌシノミコト大国主命は高天原のアマテラスオオミカミ天照大御神の遣いとしてこの地にやってきた神に対し、自分が住む御殿（いまの出雲大社）を築くことを条件に国譲りを承諾する。その舞台となったのが稲佐の浜あたりと伝えられている。神々が創り出したとされる美しい海岸線にある稲佐の浜と日御碕。この地には数々の神話が宿る。

日本遺産とは

文化庁が認定した、地域の歴史的魅力や特色を通じて日本の文化・伝統を語るストーリー。

その他の主な構成文化財

出雲大社本殿ほか >>P. 344

日御碕 >> P.352
かみのみや
上宮　島根県　出雲市
びょうぶいわ
屏風岩　島根県　出雲市
ふみしまウミネコはんしょくち
経島ウミネコ繁殖地　島根県　出雲市

四国
SHIKOKU

徳島
愛媛
香川
高知

四国

しこく

県別ダイジェストガイド

徳島県 ●とくしまけん

吉野川流域に広がる渦潮で有名な県

本州と淡路島を経由してつながる。北部を西から東へと一級河川の吉野川が流れ、下流域の徳島平野に徳島市がある。海、山、渓谷、四国八十八ヶ所巡りと多彩な魅力がある。

DATA
●県庁所在地：徳島市 ●市町村数：8市・15町・1村 ●面積：4146km² ●人口：約74万人

徳島のスダチ。旬は8月上旬〜9月中旬

● 名所
鳴門海峡に発生する渦潮は必見。奇岩が連なる大歩危・小歩危、剣山なども代表的な見どころ。吉野川河口の幻想的なシラスウナギ漁は冬から春にかけて。

鳴門の渦潮

● 名物・名品
スダチは徳島を代表する名産品で全国シェアの98％以上を占める。徳島産サツマイモ「なると金時」を使ったお菓子はおみやげに人気。

愛媛県 ●えひめけん

ミカンで知られるお遍路の聖地

広島県尾道市と愛媛県今治市は瀬戸内しまなみ海道で結ばれる。かつての伊予国で修験者の霊峰・石鎚山や、四国八十八ヶ所の26の札所があるなどパワースポットが多数。

DATA
●県庁所在地：松山市 ●市町村数：11市・9町 ●面積：5676km² ●人口：約136万人

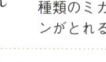
いろいろな種類のミカンがとれる

● 名物・名品
愛媛ミカンは有名だが、伊予柑、ポンカン、河内晩柑など柑橘系の宝庫。瀬戸内海と宇和海の新鮮な海産物や、マダイの養殖も盛ん。

● 名所
標高1982mの石鎚山は愛媛のシンボル。山麓の面河渓は仁淀ブルーと呼ばれる透明な水が美しい渓谷。松山城、今治城などの歴史的スポットも。

松山市の中心にある松山城からは眺めがいい

香川県 ●かがわけん

最も小さな「うどん県」

岡山県倉敷市と瀬戸大橋で結ばれる、47都道府県中最も小さな県。県庁所在地は高松市、第2の都市は丸亀市。瀬戸内海の小豆島、直島諸島や塩飽諸島の島々を擁する。

DATA
●県庁所在地：高松市 ●市町村数：8市・9町 ●面積：1876km² ●人口：約96万人

紅葉の名所として知られる寒霞渓

● 名物・名品
「香川漆器」「高松和傘」「丸亀うちわ」などの伝統工芸品がある。うどんの消費量が日本一で、半生うどんはみやげにも人気。

国の伝統工芸品「丸亀うちわ」

● 名所
エンジェルロード（天使の散歩道）、高屋神社「天空の鳥居」、父母ヶ浜などが話題のスポット。定番は寒霞渓、丸亀城、銭形砂絵など。

高知県 ●こうちけん

山と海に挟まれた坂本龍馬の出身地

古くから土佐国と呼ばれ、江戸時代には土佐藩の領地で、かの坂本龍馬の出身地。四国の南半分を占め、北側には1500〜1900mの四国山地、700kmにわたる海岸線をもつ。

DATA
●県庁所在地：高知市 ●市町村数：11市・17町・6村 ●面積：7103km² ●人口：約71万人

カリカリして甘い芋けんぴ

● 名物・名品
カツオの名産地でカツオのたたき、カツオ節などが有名。サツマイモを揚げて砂糖をまぶした芋けんぴは名物菓子のひとつ。

「よさこい祭り」

● 名所
四国最長の四万十川と、仁淀ブルーで知られる仁淀川が流れ、山には滝や渓谷の見どころがある。海岸線にもビュースポットが点在。

四国エリア絶景リスト

[全70カ所]

INDEX
761-830

愛媛県
香川県
徳島県
高知県

<table>
<tr><td>761</td><td>鳴門の渦潮</td></tr>
<tr><td>762</td><td>石鎚山</td></tr>
<tr><td>763</td><td>寒霞渓</td></tr>
<tr><td>764</td><td>大歩危・小歩危</td></tr>
<tr><td>765</td><td>エンジェルロード（天使の散歩道）</td></tr>
<tr><td>766</td><td>にこ淵</td></tr>
<tr><td>767</td><td>四万十川</td></tr>
<tr><td>768</td><td>轟の滝</td></tr>
<tr><td>769</td><td>四国カルスト姫鶴平</td></tr>
<tr><td>770</td><td>室戸世界ジオパーク</td></tr>
<tr><td>771</td><td>阿波の土柱</td></tr>
<tr><td>772</td><td>汗見川</td></tr>
<tr><td>773</td><td>別府峡</td></tr>
<tr><td>774</td><td>剣山・次郎笈</td></tr>
<tr><td>775</td><td>見残し海岸</td></tr>
<tr><td>776</td><td>柏島</td></tr>
<tr><td>777</td><td>面河渓</td></tr>
<tr><td>778</td><td>灌頂ヶ滝</td></tr>
<tr><td>779</td><td>重岩</td></tr>
<tr><td>780</td><td>西条まつり</td></tr>
<tr><td>781</td><td>さぬき豊浜ちょうさ祭</td></tr>
<tr><td>782</td><td>よさこい祭り</td></tr>
</table>

<table>
<tr><td>783</td><td>阿波踊り</td></tr>
<tr><td>784</td><td>道後温泉本館</td></tr>
<tr><td>785</td><td>芸予要塞跡 小島</td></tr>
<tr><td>786</td><td>臥龍山荘</td></tr>
<tr><td>787</td><td>別子銅山（マイントピア別子）</td></tr>
<tr><td>788</td><td>丸亀城</td></tr>
<tr><td>789</td><td>今治城</td></tr>
<tr><td>790</td><td>松山城</td></tr>
<tr><td>791</td><td>高知城</td></tr>
<tr><td>792</td><td>八百萬神之御殿</td></tr>
<tr><td>793</td><td>紫雲出山</td></tr>
<tr><td>794</td><td>西川花公園</td></tr>
<tr><td>795</td><td>大川原高原</td></tr>
<tr><td>796</td><td>船窪つつじ公園</td></tr>
<tr><td>797</td><td>かずら橋山草園</td></tr>
<tr><td>798</td><td>フラワーパーク浦島</td></tr>
<tr><td>799</td><td>来島海峡大橋</td></tr>
<tr><td>800</td><td>瀬戸大橋記念公園</td></tr>
<tr><td>801</td><td>祖谷のかずら橋</td></tr>
<tr><td>802</td><td>佐田沈下橋</td></tr>
<tr><td>803</td><td>町道瓶ヶ森線（UFOライン）</td></tr>
</table>

<table>
<tr><td>804</td><td>金刀比羅宮からの讃岐平野</td></tr>
<tr><td>805</td><td>祖谷渓の小便小僧像</td></tr>
<tr><td>806</td><td>落合集落</td></tr>
<tr><td>807</td><td>遊子水荷浦の段畑</td></tr>
<tr><td>808</td><td>五台山展望台</td></tr>
<tr><td>809</td><td>ダルマ夕日</td></tr>
<tr><td>810</td><td>泉谷の棚田</td></tr>
<tr><td>811</td><td>中山千枚田</td></tr>
<tr><td>812</td><td>脇町南町（うだつの町並み）</td></tr>
<tr><td>813</td><td>高開の石積み</td></tr>
<tr><td>814</td><td>吉良川の町並み</td></tr>
<tr><td>815</td><td>伊佐爾波神社</td></tr>
<tr><td>816</td><td>モネの庭「マルモッタン」</td></tr>
<tr><td>817</td><td>大塚国際美術館</td></tr>
<tr><td>818</td><td>父母ヶ浜</td></tr>
<tr><td>819</td><td>豊稔池堰堤（アーチダム）</td></tr>
<tr><td>820</td><td>猫の島 青島</td></tr>
<tr><td>821</td><td>小豆島オリーブ公園</td></tr>
<tr><td>822</td><td>高屋神社「天空の鳥居」</td></tr>
<tr><td>823</td><td>下灘駅</td></tr>
<tr><td>824</td><td>吉野川のシラスウナギ漁</td></tr>
<tr><td>825</td><td>銭形砂絵</td></tr>
<tr><td>826</td><td>皿鉢料理</td></tr>
<tr><td>827</td><td>鯛めし</td></tr>
<tr><td>828</td><td>カツオのたたき</td></tr>
<tr><td>829</td><td>讃岐うどん</td></tr>
<tr><td>830</td><td>岩本寺</td></tr>
</table>

四国

自然
Nature

複雑な地形と
引力が生み出す
世界三大潮流

四国

761 鳴門の渦潮

なるとのうずしお

徳島県　鳴門市

徳島県と淡路島の間、北の播磨灘と南の紀伊水道を結ぶ鳴門海峡に発生する渦潮。鳴門海峡は幅約1.3kmと狭く、中央は最大約90mの深さにV字型で落ち込んでいる。満潮になると播磨灘から紀伊水道へと潮流が一気に流れ込み、その流れに両側の浅い部分を流れる遅い流れが巻き込まれることで渦が発生する。大潮など条件により、最大30m近くもの渦潮が発生することもある。観潮船からは迫力のある渦潮を間近に見られる。また、鳴門海峡にかかる1629mの大鳴門橋には海上遊歩道「渦の道」があり、45mの高さから渦潮を見下ろせる。

762 石鎚山
<small>いしづちさん</small>

愛媛県　久万高原町

西日本最高峰で標高1982m。山岳信仰の日本
七霊山のひとつ。最高峰の天狗岳へは細い尾
根道を登って行く。冬は本格的な装備が必要。

763 寒霞渓
<small>かんかけい</small>

香川県　小豆島

小豆島の中央に位置する渓谷。火山噴火によ
り形成された奇岩怪石が見られる。山頂まで
ロープウェイで行ける。

764

おおぼけ・こぼけ
大歩危・小歩危
徳島県　三好市

吉野川の激流により岩が浸食されてできた約8kmにわたる渓谷。大歩危峡とも呼ばれる。V字に深く削られた谷や露出した岩が見られる貴重な場所で国指定名勝。四季それぞれに渓谷美を楽しめる。吉野川を行く観光遊覧船からはそそり立つ奇岩を下から見上げられ、渓谷沿いを走る観光列車や観光バスからは見下ろすことができる。

四国

765 エンジェルロード（天使の散歩道）

エンジェルロード（てんしのさんぽみち）

香川県　小豆島

トンボロ現象とは、干潮時に海底が現れて陸地と島がつながる自然現象。現れたり消えたりすることからロマンチックなスポットとして人気。恋人の聖地にも選ばれている。最大干潮時刻を中心に1日2回、最大で3時間前後現れる。砂の道でつながる島は余島と呼ばれ、弁天島、中余島、小余島、大余島の総称。歩いて渡れるのは手前の弁天島と、その先の中余島まで。

766 にこ淵

にこぶち

高知県　いの町

「仁淀ブルー」の名で知られる仁淀川の支流の、枝川川にある滝。長く急な階段を下って行くとたどり着く秘境だ。

767

しまんとがわ
四万十川

高知県 ｜ 四万十市

四国最長の川で全長196km。支流を集め太
平洋へと注ぐ。中流域では観光船やカヌー
などが楽しめる。

768 轟の滝 とどろのたき

高知県 香美市

平家落人の娘、玉織姫の伝説が残る、落差82mの3段の滝。最上段の滝壺は直径15mある。

771 阿波の土柱 あわのどちゅう

徳島県 阿波市

隆起した砂礫層が風雨により浸食されてできた。柱状や尖塔状の土柱が林立する独特な景観。

769 四国カルスト姫鶴平 しこくカルストめづるだいら

愛媛県 久万高原町

愛媛と高知にまたがる四国カルストの中央。白い岩肌が点在する草原に牛が放牧されている。

772 汗見川 あせみかわ

高知県 本山町

林業で栄えた山深い町を流れる清流。エメラルドグリーンの川は夏は涼を求める人で賑わう。

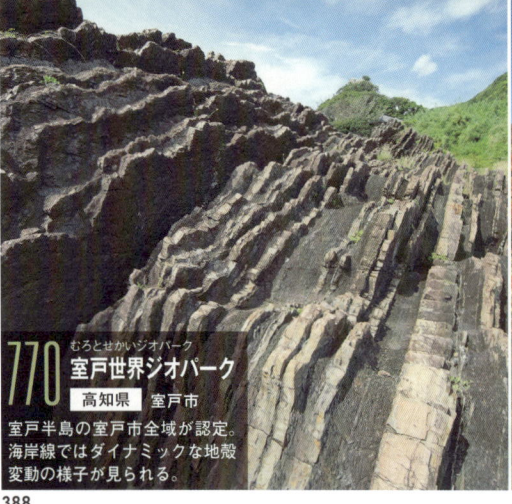

770 室戸世界ジオパーク むろとせかいジオパーク

高知県 室戸市

室戸半島の室戸市全域が認定。海岸線ではダイナミックな地殻変動の様子が見られる。

773 別府峡 べふきょう

高知県 香美市

物部川源流域に位置する紅葉の名所で見頃は11月中旬～下旬。近くにべふ峡温泉がある。

774 剣山・次郎笈
つるぎさん・じろうぎゅう

徳島県 三好市ほか

標高1955mの剣山は、別名を太郎笈という。南西にある兄弟峰の次郎笈は標高1930m。

777 面河渓
おもごけい

愛媛県 久万高原町

仁淀川の源流域にある渓谷で透明で青い水流と岸壁のコントラストが美しい。

775 見残し海岸
みのこしかいがん

高知県 土佐清水市

対岸にある竜串海岸とともに奇岩群がある岩礁海岸。屏風岩や渦巻岩などが見どころ。

778 灌頂ヶ滝
かんじょうがだき

徳島県 上勝町

落差が80mあり、流れ落ちる途中で霧のようになる。「旭の滝」とも呼ばれ、午前中は虹が見られる。

776 柏島
かしわじま

高知県 大月町

大月半島の先端から橋で結ばれている島。海は透明度が高く、船が浮いているように見える。

779 重岩
かさわいわ

香川県 小豆島

土庄町の小高い丘にある不思議な巨石。パワースポットとして人気。周辺からは瀬戸内海の眺めがいい。

四国

豪華絢爛な
屋台が集結する
西条市の秋祭り

780 西条まつり
さいじょうまつり

愛媛県 西条市

愛媛県東部、石鎚山と瀬戸内海に挟まれた西条市内の伊曽乃、嘉母、石岡、飯積の4つの神社の例祭の総称が西条まつりだ。江戸時代から続く五穀豊穣に感謝する神事で、100台を超える屋台が奉納される。太鼓や鉦、祭り囃子とともに、細工を凝らした屋台が列をなして進む様子は壮観。開催は神社により10月上～中旬の各2日間。写真は伊曽乃神社祭礼。

781 さぬき豊浜ちょうさ祭
さぬきとよはまちょうさまつり

香川県 観音寺市

「ちょうさ」と呼ばれる豪華絢爛な山車20台以上が集い、五穀豊穣や豊魚を祈願する。10月第2日曜を最終日とする3日間開催。

782 よさこい祭り
よさこいまつり

高知県 高知市

約200チーム、約1万8000人の鳴子を持った踊り子が市内を乱舞する。毎年8月9～12日に開催。

783 あわおどり
阿波踊り
徳島県　徳島市

毎年8月12〜15日に開催。女性は編み笠を
かぶり、男性は団扇を手に、唄ばやしや囃
子のリズムにのって踊る。

四国

建築
Architecture

日本三古湯のひとつ
道後温泉のシンボル

784 道後温泉本館
どうごおんせんほんかん

愛媛県 松山市

歴史的建造物の共同浴場。1894（明治27）建築
の木造三階建ての神の湯本館を中心に、1899
（明治32）年建築の又新殿・霊の湯棟、1924（大
正13）年に増築された南棟、玄関棟が重要文
化財に指定されている。昔ながらの神の湯は、
石造りの浴室に円柱形の湯釜があり、壁には
砥部焼の陶板画が飾られている。保存修理工
事に伴い一部閉鎖中。

785 芸予要塞跡 小島
げいよようさいあと おしま

愛媛県 今治市

ロシア海軍の侵略を防ぐために
1899（明治32）年に造られた要塞。
砲台や弾薬庫などが残っている。

786 がりゅうさんそう
臥龍山荘
愛媛県 大洲市

臥龍淵を望む不老庵、茅葺寄棟造りの臥龍院、庭園など明治期の建築美を堪能できる重要文化財。

四国

787 べっしどうざん（マイントピア別子）
別子銅山（マイントピア別子）
愛媛県 新居浜市

江戸時代に発見され、閉山となる1973年まで282年にわたり銅を産出。東平貯鉱庫跡など多くの遺構が残されている。

城
Castle

石垣に守られ
そびえ立つ
「石垣の名城」

788 丸亀城
まるがめじょう

香川県　丸亀市

亀山の上に築かれた平山城で別名亀山城。四角い内堀のなかに4層の石垣がそびえ、その頂に天守が立つ。石垣は野面積み、算木積みなどの手法を用いて、曲線を描いて美しく積み上げられている。天守が完成したのは1660（万治3）年とされ、大手門などとともに重要文化財。周囲は亀山公園として整備されている。

789 今治城（いまばりじょう）

愛媛県　今治市

伊勢津藩主藤堂高虎により1600年頃に築かれた、瀬戸内海に面した規模の大きな海城。別名吹揚城。1980年以降、当時の姿に再建。

790 松山城（まつやまじょう）

愛媛県　松山市

標高132mの城山（勝山）に築かれた壮大な平山城。本丸下までロープウェイ・リフトで行くことができる。

791 高知城（こうちじょう）

高知県　高知市

土佐藩初代藩主・山内一豊が築いた城。再建、修復を経て当時の姿に。三層六階の天守ほか14棟が重要文化財。

四国

花
Flower

793 紫雲出山 しうでやま
香川県　三豊市

桜とアジサイの名所。桜は3月下旬〜4月中旬が見頃で、花と瀬戸内海の眺めが楽しめる。

792 八百萬神之御殿 やおよろずのかみのごてん
徳島県　美馬市

標高400ｍの山の斜面に約8000本の桜が植えられている。見頃は4月上旬〜中旬。

794 西川花公園 にしかわはなこうえん
高知県　香南市

小高い丘の斜面にかけて、菜の花、桃の花、桜が一度に見られる絶景スポット。花の中を歩ける遊歩道や展望スポットも。3月中旬〜下旬にかけて「西川花祭り」を開催。

黄色と濃淡ピンクの花の三重唱

795 おおかわらこうげん
大川原高原
徳島県　佐那河内村

6月末〜7月中旬にかけて、3万本ものアジサイが咲く高原。道路沿いの斜面が青や紫色に彩られる。標高約900mあり、霧が発生すると幻想的な風景が見られる。

796 ふなくぼつつじこうえん
船窪つつじ公園
徳島県　吉野川市

オンツツジを中心に約1200株が自生し、「船窪のオンツツジ群落」として天然記念物に指定。

797 かずらばしさんそうえん
かずら橋山草園
徳島県　三好市

ラン科の希少なクマガイソウ約1万2000株が咲く。営業は5月のみで見頃は5月初旬〜中旬。

798 フラワーパークうらしま
フラワーパーク浦島
香川県　三豊市

日本一のマーガレットの産地、三豊にある市営の花畑。4月中旬〜5月にかけてマーガレットが一面を真っ白に染める。同時期にキンセンカも開花。瀬戸内海も望める。

四国

橋
Bridge

799 来島海峡大橋
くるしまかいきょうおおはし

愛媛県　今治市

しまなみ海道の一部で、瀬戸内海の大島と今治を結ぶ全長4105mの来島海峡大橋。標高307.8mの亀老山展望台は、島々をつなぐ橋を望むビュースポット。

広島と四国を結ぶ
しまなみ海道の
橋のひとつ

800 瀬戸大橋記念公園
せとおおはしきねんこうえん

香川県　坂出市

広島と香川を結ぶ瀬戸大橋のたもとにある公園。南備讃瀬戸大橋を下から望める。

801 祖谷のかずら橋
いやのかずらばし

徳島県 三好市

祖谷渓にある、シラクチカズラで造られた長さ45mの橋。足元のすき間から約14m下の水面が見えてスリル満点。3年ごとに架け替えられる。国指定重要有形民俗文化財。

四国

802 佐田沈下橋
さだちんかばし

高知県 四万十市

増水時に川の中に沈むことを想定した欄干のない沈下橋。四万十川に48ある沈下橋のうちで最長の約290m。

眺望・街並み
View・Town

ちょうどうかめがもりせん（ユーフォーライン）
町道瓶ヶ森線(UFOライン)
高知県 いの町

標高1300〜1700mの山の尾根に沿って、緩やかなカーブを描きながら走る全長27kmの町道で別名UFOライン。天空を走っているような気分になることから「天空の道」とも呼ばれている。石鎚山系や太平洋まで望める気持ちのいいドライブコースだ。11月末〜4月上旬は通行止め。

804

ことひらぐうからのさぬきへいや
金刀比羅宮からの讃岐平野
香川県 琴平町

金刀比羅宮本宮まで785段、さらに583段もの石段を上った高台にある奥社からは讃岐平野が一望。

UFOに遭遇しそうな絶景ドライブコース

805 祖谷渓の小便小僧像
いやけいのしょうべんこぞうぞう

徳島県　三好市

約200mの高さから祖谷渓を望む小便小僧。ここで度胸試しをしたという逸話にちなんで立てられた。

806 落合集落
おちあいしゅうらく

徳島県　三好市

山の斜面に約70軒の民家が立つ集落。標高差は390m。古民家を改装した宿泊施設が人気。

四国

807 ゆすみずがうらのだんばた
遊子水荷浦の段畑
愛媛県　宇和島市

宇和海を見下ろす急斜面に作られた段々畑。高さ1mほどの石垣が海抜80mもの山頂まで続く。

808 ごだいさんてんぼうだい
五台山展望台
高知県　高知市

形が中国の五台山に似ていることから名前が付いた標高145mの山。展望台からは市内を一望。

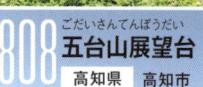

810 いずみだにのたなだ
泉谷の棚田
愛媛県　内子町

山の急斜面に石を積んで作られた95枚の美しい棚田。夕暮れ時は特にドラマチック。

809 ダルマゆうひ
ダルマ夕日
高知県　宿毛市

冷え込みの厳しい冬の晴れ渡った日に、宿毛湾に沈む夕日がダルマのように歪む現象。

811 なかやませんまいだ
中山千枚田
香川県　小豆島

島の中央に位置する中山地区にある。700枚以上もの棚田が斜面に波状に並んでいる。

812 脇町南町 (うだつの町並み)
わきまちみなみまち（うだつのまちなみ）

徳島県　美馬市

脇城の城下町、藍の集散地として栄えた町で装飾と防火を兼ねた小屋根付きのうだつが並ぶ。

813 高開の石積み
たかがいのいしつみ

徳島県　吉野川市

急峻な土地から段々畑や家屋を守るために発達した石積み。春はシバザクラが彩りを添える。

814 吉良川の町並み
きらがわのまちなみ

高知県　室戸市

明治期に建てられた漆喰壁の商家の町並みで、台風が多い地域ならではの「石ぐろ」と呼ばれる外壁が特徴。

815 伊佐爾波神社
いさにわじんじゃ

愛媛県　松山市

長い石段の上にある、京都の石清水八幡宮を模した「日本三大八幡造り」に数えられる神社。

四国

816 モネの庭「マルモッタン」

モネのにわ「マルモッタン」

高知県　北川村

印象派の巨匠クロード・モネがフランスに自らデザインした庭園「モネの庭」。そこからスイレンの苗を譲り受け、「モネの庭」を高知に再現。「水の庭」には色とりどりのスイレンが浮かび、代表作の『睡蓮』を彷彿とさせる風景が広がる。スイレンの見頃は4月下旬〜10月下旬で、人気の青いスイレンの花は7月下旬〜9月中旬。ほかにもさまざまな花が咲く。

モネの『睡蓮』の世界が広がる絵画のような庭

写真提供／大塚国際美術館

817 大塚国際美術館
おおつかこくさいびじゅつかん

徳島県　鳴門市

世界26カ国、190余の美術館が所蔵する1000点以上の西洋名画を特殊技術で陶板に再現。なかでも空間ごと再現したバチカン市国のシスティーナ礼拝堂天井画、及び壁画は見応え満点。

818 父母ヶ浜
ちちぶがはま

香川県　三豊市

約1kmにわたる遠浅の浜で、干潮時の潮だまりが天空を映す鏡のようになることから、ボリビアのウユニ塩湖のようだと話題に。特に夕景は美しく、日本の夕陽百選にも選ばれている。

四国

819 豊稔池堰堤（アーチダム）
ほうねんいけえんてい

香川県　観音寺市

柞田川上流に架かる堤長145.5m、堤高30.4mのコンクリート造、数少ないマルチプルアーチ式ダム。農業用の水がめとして90年経ったいまも活躍している。

820 猫の島 青島
ねこのしま あおしま

愛媛県 大洲市

長浜町の沖あいに浮かぶ周囲約4kmの島。200匹を超えるネコが生息し、猫の島として話題。

823 下灘駅
しもなだえき

愛媛県 伊予市

JR四国予讃線の無人駅で、ホームの向こうに伊予灘が広がる。サンセットも美しい。

821 小豆島オリーブ公園
しょうどしまオリーブこうえん

香川県 小豆島

日本のオリーブ発祥の地にある、道の駅を含むオリーブのテーマパーク。ギリシャ風車からの眺めがいい。

824 吉野川のシラスウナギ漁
よしのがわのシラスウナギりょう

徳島県 徳島市

小舟に明かりを灯し、集まって来るシラスウナギをとる。12〜4月頃の深夜に行われる。

822 高屋神社「天空の鳥居」
たかやじんじゃ「てんくうのとりい」

香川県 観音寺市

標高404mの稲積山に本宮があり、鳥居の向こうに観音寺市内や瀬戸内海が望める。

825 銭形砂絵
ぜにがたすなえ

香川県 観音寺市

砂地に描かれた「寛永通宝」の文字は 東西122m、南北90m、周囲345m。夜はライトアップ。

826 皿鉢料理（さわちりょうり）
高知県

皿鉢と呼ばれる器にマグロなどの刺身や、貝類、寿司など名物を盛り合わせた郷土料理。

827 鯛めし（たいめし）
愛媛県

名産のタイをまるごとお米の上にのせ、土鍋で炊いたご飯。熱いうちにほぐして混ぜる。

828 カツオのたたき（カツオのたたき）
高知県

新鮮なカツオを藁で炙ることでうま味を封じ込めて香ばしく仕上げる土佐料理の代表格。

829 讃岐うどん（さぬきうどん）
香川県

うどん県香川を代表する味。コシの強い麺といりこ（煮干し）を使ったあっさり出汁が特徴。

四国

COLUMN_09

「四国遍路」

〜回遊型巡礼路と独自の巡礼文化〜

830
いわもとじ
岩本寺

高知県　四万十町

四国八十八ヶ所霊場の第37番札所。弘仁年間(810〜824)に寺を訪れた弘法大師が安置したとされる、不動明王、阿弥陀如来など5仏を祀る。1978年に建てられた本堂には、全国から公募で集められた花鳥風月や人物など575枚の天井画がある。

平安時代、弘法大師が修行したと伝わる場所を巡ることから始まった四国遍路。阿波から土佐、伊予、讃岐への全長1400kmに及ぶ回遊型巡礼路で、八十八ヶ所ある札所すべてを歩くと40日以上かかる。途中、「遍路ころがし」と呼ばれる急な山道や田園地帯、海岸などがあり、巡っていくうちに心が変化することから心の旅とも言われる。金剛杖を持ったお遍路さんが、地元の人々に温かく迎えられながら四国路を巡礼する、1200年を超える文化が続いている。

日本遺産とは

文化庁が認定した、地域の歴史的魅力や特色を通じて日本の文化・伝統を語るストーリー。

その他の主な構成文化財

ちくりんじ
竹林寺　高知県　高知市
いわてじ
石手寺　愛媛県　松山市
もとやまじ
本山寺　香川県　三豊市
あわへんろみち
阿波遍路道　徳島県
とさへんろみち
土佐遍路道　高知県
いよへんろみち
伊予遍路道　愛媛県

九州
KYUSHU

福岡
佐賀
長崎
熊本
大分
宮崎
鹿児島

九州

きゅうしゅう

県別ダイジェストガイド

福岡県 ●ふくおかけん

中心の福岡市は九州最大の人口

九州地方北部に位置し、福岡市と北九州市の政令指定都市がある。県内は大きく4つのエリアに分けられ、市町村数は60にのぼる。関門海峡を挟んで山口県下関と結ばれている。

DATA
●県庁所在地：福岡市 ●市町村数：29市・29町・2村 ●面積：4986㎢ ●人口：約510万人

● 名物・名品

福岡の名産は柑橘系のフルーツとイチゴ。名物は博多の辛子明太子で「福さ屋」が有名だが、専門業者が多数ある。工芸品では博多人形、博多織と博多は名物の宝庫。

おみやげに大人気の辛子明太子は博多が発祥

● 名所

玄界灘に浮かぶ沖ノ島、三池炭鉱及び八幡製鐵所関連資産が「明治日本の産業革命遺跡」の構成資産として世界遺産に登録されている。城下町の面影を残す町並みや、太宰府天満宮などが見どころ。

城下町の柳川では川下りが楽しめる

佐賀県 ●さがけん

玄界灘と有明海に挟まれて広がる

玄界灘と有明海に挟まれ、筑後川が有明海に流れ込む佐賀平野に佐賀市がある。玄界灘の東松浦半島はリアス海岸で離島が点在。福岡と長崎の県境には1000m級の山脈がある。

DATA
●県庁所在地：佐賀市 ●市町村数：10市・10町 ●面積：2440㎢ ●人口：約82万人

栄養分と干満差が良質な海苔を育てる

● 名物・名品

佐賀といえば伊万里焼、有田焼、唐津焼の陶磁器が有名。有明湾は国内有数の海苔の産地として知られる。

玄界灘に沈む夕日を望む浜野浦の棚田

● 名所

海を望む棚田や歴史のある社寺は見どころのひとつ。佐賀インターナショナルバルーンフェスタは佐賀を代表するイベント。

長崎県 ●ながさきけん

複雑な海岸線と起伏のある山岳地帯

東西213km、南北307kmあり、陸地は山岳地帯が多く中央部に大村湾を抱え込む。沿岸は玄界灘から天草灘にかけて複雑な沿岸線が広がり、沖には五島列島、壱岐、対馬が浮かぶ。

DATA
●県庁所在地：長崎市 ●市町村数：13市・8町 ●面積：4130㎢ ●人口：約135万人

● 名物・名品

古くから海外との交流があった長崎には、独特な文化が発達した。カステラは南蛮貿易によりポルトガルからもたらされたとされる。

長崎みやげの定番。「福砂屋」「松翁軒」ほか多数ある

● 名所

潜伏キリシタンの歴史をもつ長崎。長崎の教会や集落の一部が世界遺産。また、軍艦島は明治日本の産業革命遺産として世界遺産に登録。

端島こと軍艦島は日本の高度成長期の縮図

熊本県 ●くまもとけん

阿蘇山から海へ変化に富む地形

東は九州山地、西は有明海と不知火海が広がり、橋で天草諸島と結ばれている。熊本市は日本最南端の政令指定都市。水道水に阿蘇山からの地下水を利用している水の豊かな町だ。

DATA
●県庁所在地：熊本市 ●市町村数：14市・23町・8村 ●面積：7409㎢ ●人口：約176万人

熊本名物の馬肉は高タンパク低カロリー

●名物・名品

海と山、双方の恵みが豊かな熊本。スイカや柑橘系のフルーツ、トマトなどが名産品。焼酎も有名でたくさんの醸造所がある。

●名所

最大の見どころは阿蘇くじゅう国立公園。展望スポットや景勝地が点在する。天草地方の潜伏キリシタン関連遺産は世界遺産に登録。

阿蘇にある米塚は小さな火山

大分県 ●おおいたけん

至るところに温泉が湧き出す

くじゅう山群を始め山々が連なり、ふたつの火山帯が走っているため各地に温泉が湧く温泉県。森林が70%を占める一方で、大分市は別府湾に面し、沿岸には美しい海岸が広がる。

DATA
●県庁所在地：大分市 ●市町村数：14市・3町・1村 ●面積：1万6340㎢ ●人口：約115万人

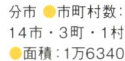

大分はカボス生産量が日本一

●名所

別府温泉は全国的に知られる温泉地。渓谷では耶馬溪、町並みでは杵築城の城下町として栄えた杵築の町並みなどが人気のスポット。

湯けむりが上がる別府の鉄輪温泉

●名物・名品

大分県はカボスやスダチなどの柑橘系が名産。海産物では豊予海峡でとれる関アジ、関サバ、肉は霜降り黒毛和牛の豊後牛がある。

宮崎県 ●みやざきけん

豊かな自然と水の神話のふるさと

古事記の国生み伝説が残るスポットが多く、神話のふるさとと呼ばれる宮崎。太平洋沿岸の宮崎平野を除き、山岳地帯が多く豊かな自然に恵まれている。温暖で南国的な雰囲気が漂う。

DATA
●県庁所在地：宮崎市 ●市町村数：9市・14町・3村 ●面積：7735㎢ ●人口：約108万人

●名物・名品

温暖な気候を生かし、マンゴーや日向夏、キンカンなどの栽培が盛ん。特にマンゴーは「太陽のタマゴ」のブランド名で人気がある。

宮崎県産の完熟にこだわった甘いマンゴー

●名所

宮崎の最大の見どころは高千穂峡。ほかにも、えびの高原、断崖から海を望む日向岬の馬ヶ背など変化に富んだ自然に触れられる。

パワースポットとして人気の高千穂峡

鹿児島県 ●かごしまけん

桜島がシンボルの日本屈指の離島県

薩摩半島と大隅半島が、桜島の浮かぶ鹿児島湾を挟むようにのび、沖には種子島と屋久島、奄美大島などが浮かぶ、九州で最も大きな県。約2600kmに及ぶ海岸線をもつ。

DATA
●県庁所在地：鹿児島市 ●市町村数：19市・20町・4村 ●面積：9187㎢ ●人口：約162万人

●名物・名品

桜島大根、サツマイモ、タンカン、ポンカン、焼酎、お茶など肥沃な大地が生むさまざまな名産品がある。枕崎はカツオが有名。

焼酎用の酒器、黒ヂョカ（黒茶家）

●名所

樹齢1000年を超える屋久杉が育つ屋久島は世界自然遺産に登録されている。離島の美しいビーチは鹿児島観光の目玉。

城山展望台からの桜島の眺め

九州

九州エリア 絶景リスト

［全140カ所］

INDEX 831-970

佐賀県

五島列島

長崎県

鹿児島県

大隅諸島

奄美群島

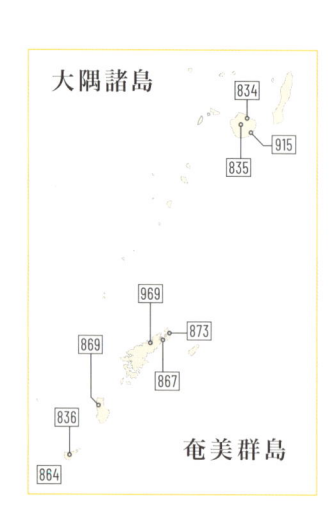

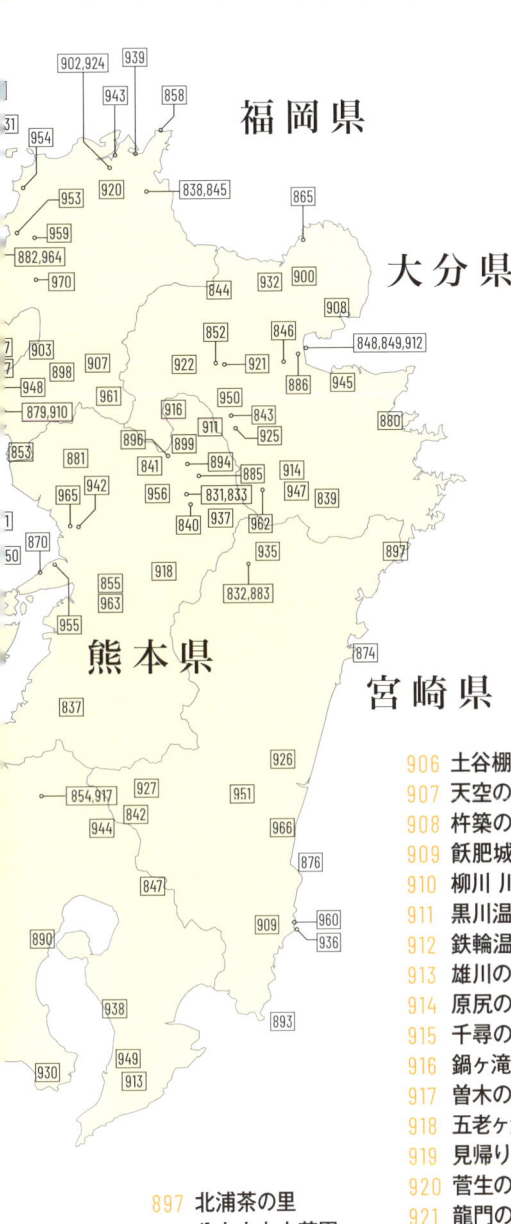

福岡県

大分県

熊本県

宮崎県

- 929 御船山楽園
- 930 池田湖の菜の花
- 931 のこのしま アイランドパーク
- 932 宇佐神宮
- 933 大魚神社の海中鳥居
- 934 祐徳稲荷神社
- 935 天安河原
- 936 鵜戸神宮
- 937 上色見熊野座神社
- 938 荒平天神
- 939 小倉城
- 940 唐津城
- 941 島原城
- 942 水前寺成趣園
- 943 北九州市立 いのちのたび博物館
- 944 霧島アートの森
- 945 大分県立美術館(OPAM)
- 946 牛深ハイヤ大橋
- 947 出会橋・轟橋
- 948 筑後川昇開橋
- 949 虹の吊り橋大滝橋
- 950 九重"夢"大吊橋
- 951 照葉大吊橋
- 952 平戸大橋
- 953 篠栗九大の森
- 954 宮地嶽神社の光の道
- 955 長部田海床路の夕日
- 956 阿蘇ファームヴィレッジ (大自然阿蘇健康の森)
- 957 吉野ヶ里歴史公園
- 958 ハウステンボスの イルミネーション
- 959 南蔵院の釈迦涅槃像
- 960 サンメッセ日南
- 961 日向神峡
- 962 白水ダム
- 963 日本一の石段 (釈迦院御坂遊歩道)
- 964 博多もつ鍋
- 965 辛子蓮根
- 966 ひや汁
- 967 呼子のイカ
- 968 長崎ちゃんぽん
- 969 鶏飯
- 970 太宰府天満宮

- 906 土谷棚田
- 907 天空の里鹿里
- 908 杵築の町並み
- 909 飫肥城下町
- 910 柳川 川下り
- 911 黒川温泉湯あかり
- 912 鉄輪温泉の湯けむり
- 913 雄川の滝
- 914 原尻の滝
- 915 千尋の滝
- 916 鍋ヶ滝
- 917 曽木の滝
- 918 五老ヶ滝
- 919 見帰りの滝
- 920 菅生の滝
- 921 龍門の滝
- 922 慈恩の滝
- 923 長串山公園のつつじ
- 924 河内藤園
- 925 くじゅう連山の ミヤマキリシマ
- 926 西都原古墳群のヒマワリ
- 927 生駒高原
- 928 白木峰高原

- 897 北浦茶の里
- 898 八女中央大茶園
- 899 押戸石の丘
- 900 田染荘
- 901 稲佐山からの夜景
- 902 皿倉山からの夜景
- 903 高良大社からの夜景
- 904 浜野浦の棚田
- 905 大浦の棚田

九州

831 草千里ヶ浜
くさせんりがはま

熊本県 阿蘇市

阿蘇五岳の烏帽子岳の北麓に広がる面積78万5000㎡の大草原。阿蘇カルデラ内直径約1kmの火口のなかにある二重火口で、火口底に水が溜まったふたつの池がある。池の周りには牛や馬が放牧され、池、草原、山のバランスのとれた美しい風景が広がる。馬の放牧は平安時代からの歴史があり、草原を保つために春に野焼きが行われる。草原から少し上った標高1150mにある草千里ヶ浜展望所からは草千里ヶ浜を始め、根子岳、高岳、噴煙を上げる中岳、北側には米塚、晴れていれば金峰山や、遠くに長崎県の普賢岳まで360度の展望を楽しむことができる。

馬がのんびり草をはむ
阿蘇中岳を望む
気持ちのいい大草原

九州

832 高千穂峡
たかちほきょう

宮崎県 高千穂町

五ヶ瀬川沿いに約7kmにわたって続く渓谷で国の名勝・天然記念物に指定。数々の神話が語り継がれる「神話の里」としても知られる。川の浸食によりできた深いV字渓谷で断崖の高さは50～100m。柱状節理の崖から流れ落ちる落差17mの真名井の滝へは、手こぎボートで行くこともできる。渓谷に架かる3本のアーチ橋からも渓谷美を眺められる。

833 米塚
こめづか

熊本県 阿蘇市

約3000年前に形成された、お椀を伏せたような美しい形の高さ約80mの山。山肌の縦の線は、放牧している牛や馬が乗り越えないように築かれた土手。登山禁止。

834 白谷雲水峡
しらたにうんすいきょう

鹿児島県 屋久島

標高約620〜1000mの白谷川上流域に広がる自然休養林。遊歩道沿いには屋久杉の巨木がそびえ立つ。一面緑に覆われた「苔むす森（旧もののけ姫の森）」が人気。

九州

417

圧倒的な存在感
数千年の時を刻む
森の巨人

835 屋久島の縄文杉
やくしまのじょうもんすぎ

鹿児島県 屋久島

九州本島の最南端、佐多岬の南約60kmに浮かぶ屋久島。周囲約130kmの丸い島で中央には標高1936mの宮之浦岳がそびえる。海岸付近は亜熱帯植物、標高が高くなるにつれ亜寒帯植物へと変化する植生の垂直分布、樹齢1000年を超える屋久杉の自然景観などから1993年に世界遺産に登録された。スギは標高500mを超える山地に自生しており、樹齢1000年を超えるスギを屋久杉と呼ぶ。ひと月に35日雨が降ると言われるほどの多雨多湿、積雪が観測される日本最南端という独特な気候が樹齢2000年を超える、世界でも類を見ない巨木を育ててきた。屋久島で最大の屋久杉「縄文杉」は周囲16.4m、高さ25.3m。推定樹齢は2600〜7200年。標高1300mの山中にあり、行くには往復約20km、10時間以上かかる。ほかにもウィルソン株、大王杉などの名木が多数ある。

鍾乳石と
地下水が生み出す
幻想的な地下空間

836 沖永良部島の洞窟

おきのえらぶじまのどうくつ

鹿児島県　沖永良部島

奄美群島の沖永良部島には大小200以上の洞窟が存在。自然が作り出した神秘的な地下空間が広がる。洞窟見学はケイビングツアーに参加する。写真は全長3kmもあるとされる「銀水洞」の一部で、5mを超える鍾乳石の壁や無数の鍾乳管（ストロー）、地下水が溜まった地底が見られる。水がライトアップされて暗やみに浮かび上がり幻想的。所要5〜6時間の上級向けコースで事前要予約。

837 球泉洞

きゅうせんどう

熊本県　球磨村

太古の昔に石灰岩層が隆起してできたとされる、延長約4.8kmの九州最大級の鍾乳洞。

838 千仏鍾乳洞

せんぶつしょうにゅうどう

福岡県　北九州市

カルスト台地が雨水により浸食されてできた洞窟。入口から900mまで探検できる。

写真／(社)沖永良部島ケイビング協会

839 稲積水中鍾乳洞
いなづみすいちゅうしょうにゅうどう

大分県 豊後大野市

珍しい水中鍾乳石を始め、水流でできたベルホールなど多様な鍾乳石が存在する。新生洞、水中洞の2本の洞窟内、各約200mを見学できる。

840 白川水源
しらかわすいげん

熊本県 南阿蘇村

白川の上流部にある水源地。砂を巻き上げながら勢いよく湧き出る水は毎分60tにも達する。

842 えびの高原
えびのこうげん

宮崎県 えびの市

標高1200mにある盆地状の高原で火山湖が点在。ミヤマキリシマやオオヤマレンゲなどが咲く。

841 菊池渓谷
きくちけいこく

熊本県 菊池市

阿蘇外輪山の北西部、菊池川の上流にある渓谷。遊歩道からくつもの滝を見ることができる。

843 タデ原湿原
タデわらしつげん

大分県 九重町

飯田高原の標高1000m付近にある湿原。中間湿原としては国内最大級で多くの湿性植物が自生。

844 耶馬渓の競秀峰
やばけいのきょうしゅうほう

大分県 中津市

耶馬溪を代表する名勝で奇石群が連なる。4月中旬〜5月上旬は田んぼに植えられたネモフィラが満開となる。

845 平尾台
ひらおだい

福岡県　北九州市

小倉南区にある標高712mの貫山の南に広がる。秋吉台、四国と並ぶ日本三大カルストのひとつ。

848 別府 海地獄
べっぷ うみじごく

大分県　別府市

泉温98℃のコバルトブルーの海地獄は「別府の地獄」のなかでも最大。きれいな色は硫酸鉄による。

849 別府 血の池地獄
べっぷ ちのいけじごく

大分県　別府市

酸化鉄や酸化マグネシウムなどを含んだ熱泥が噴出し、赤い色はまさに血のように見える。

846 金鱗湖
きんりんこ

大分県　由布市

湯布院温泉にある湖で、湖底から清水や温泉が湧き出ているため水温が高く、朝霧が発生する。

847 溝ノ口洞穴
みぞのくちどうけつ

鹿児島県　曽於市

幅13.8m、高さ8.6m、全長224mの、湧き水の浸食によってできた洞穴。洞穴の前に鳥居がある。

850 雲仙地獄
うんぜんじごく

長崎県　雲仙市

硫黄のにおいが立ち込め、地面から噴気が上がる地獄のような光景。遊歩道で地獄巡りができる。

九州

5000人が暮らしていた無人島の都市跡

851 軍艦島
ぐんかんじま

長崎県　長崎市

🏛

長崎港から約17.5kmの沖あいに浮かぶ通称、軍艦島。正式名は端島といい、南北約480m、東西約160m、周囲約1.2kmの大きさ。1890(明治23)年に島内で石炭採掘が始まり、大正から昭和にかけて近代的な都市へと発展。1960(昭和35)年には日本一の人口密度を記録する5267人もの人が暮らしていたが、石炭産業の衰退により1974(昭和49)年に無人島となった。クルーズツアーで上陸、一部が見学できる。世界遺産「明治日本の産業革命遺産」構成資産。

852 旧豊後森機関庫
きゅうぶんごもりきかんこ

大分県　玖珠町

豊後森駅は1929(昭和4)年に国鉄久大本線の駅として開業。1934(昭和9)年には東側に豊後森機関区が設置された。直径18.5mの転車台を中心とした扇型の機関庫(扇型庫)は、機関車両の向きを変えて格納できる仕組み。機関庫と転車台は国指定登録有形文化財、近代化産業遺産に指定。9600形蒸気機関車が保存展示されている。

九州

425

853 三池炭鉱関連遺産

みいけたんこうかんれんいさん

🏛

福岡県　大牟田市

江戸中期から1997年の閉山まで石炭採掘が行われた。三池港、宮原抗、万田抗、鉄道敷跡などが世界遺産「明治日本の産業革命遺産」の構成資産になっている。

854 曽木発電所遺構

そぎはつでんしょいこう

鹿児島県　伊佐市

鶴田ダムの上流に、初夏から秋にかけての渇水期に現れる遺構。1909（明治42）年から曽木の滝を利用した水力発電が行われていたが1965年に水没した。

855 八角トンネル

はっかくトンネル

熊本県　美里町

南熊本駅（熊本市）と砥用駅（現・美里町）間を運行していた熊延鉄道（1964年に廃線）の遺構。八角の構造物が7基連なる珍しいトンネル。

856 グラバー園
（グラバーえん）

長崎県　長崎市

1859年の安政の開港で日本の地を踏んだスコットランド出身のトーマス・ブレーク・グラバーら、外国人が居留した場所。旧グラバー住宅は日本最古の木造洋風建築。

857 有田ポーセリンパーク
（ありたポーセリンパーク）

佐賀県　有田町

有田焼の魅力を伝えるテーマパーク。姉妹都市ドイツのマイセンにあるツヴィンガー宮殿を模した建物を中心に庭園、有田焼体験工房、登り窯、展示館などがある。

858 門司港駅
（もじこうえき）

福岡県　北九州市

木造2階建て、左右対称のネオ・ルネッサンス様式で1914（大正3）年に完成。駅舎として日本初の重要文化財に指定。2019年に約6年の補修工事を終えて当時の姿に。

九州

859 大浦天主堂

おおうらてんしゅどう

長崎県　長崎市

1864年にパリ外国宣教会の神父らにより創建された。正式名は「日本二十六聖殉教者聖堂」で、建設当時はフランス寺と呼ばれた。高い天主堂をもつゴシック様式で、日本に現存する最古のキリスト教建造物として1933年に国宝に指定。堂内には創建当時にフランスから運ばれた「信徒発見のマリア像」がたたずむ。「長崎と天草地方の潜伏キリシタン関連遺産」として世界遺産に登録。

キリシタンの
歴史を刻む
日本最古の教会

860 崎津教会
さきつきょうかい

| 熊本県 | 天草市 |

世界遺産の構成資産。崎津集落に立つ、尖塔をもつゴシック様式。海の天主堂と呼ばれる。

861 頭ヶ島天主堂
かしらがしまてんしゅどう

| 長崎県 | 頭ヶ島 |

五島列島の頭ヶ島集落は世界遺産の構成資産。教会は島内の石を切り出して建てられた。

862 平戸ザビエル記念教会
ひらどザビエルきねんきょうかい

| 長崎県 | 平戸市 |

1931年に建てられ、のちに現在の位置に再建。聖フランシスコ・ザビエルの平戸訪問を記念して1971年、ザビエル像が建てられたことからいまの名で呼ばれるように。

863 野崎島・旧野首教会
のざきじま・きゅうのくびきょうかい

| 長崎県 | 野崎島 |

潜伏キリシタンの共同体があった、五島列島の野崎島に残る教会。レンガ造りの建物は1908(明治41)年に完成。野崎島の集落跡は世界遺産の構成資産。

九州

海
Beach

海中から現れ
刻々と姿を変える
真っ白な浜

864 ヨロン島の百合ヶ浜

ヨロンとうのゆりがはま

鹿児島県 与論島

与論島は奄美群島最南端の島で、沖縄本島の北約23kmの洋上に浮かぶ。正式には与論島だが、一般的にヨロン島で浸透している。サンゴのリーフ（環礁）に囲まれた周囲約23kmの平坦な島で、島内には農園やサトウキビ畑が広がる。島の東側、大金久海岸の沖あい約1.5kmには春から夏にかけての干潮時のみに現れる百合ヶ浜があり、白砂のビーチと美しい海は島きっての人気スポット。大金久海岸からグラスボートで10分ほどで行くことができる。

九州

まだまかいがんのゆうひ
真玉海岸の夕陽

大分県 豊後高田市

夕日の絶景スポットして人気の海岸。遠
浅の海岸線は干潮時にも海水が残る干潟
になっており、水と砂浜の織りなす不思
議な光景が広がる。季節によっては潮干
狩りも楽しめる。海岸沿いの国道213号
線はそのロマンチックな光景から、恋が
叶う「恋叶ロード」と名付けられた約
20kmのドライブコース。「恋人の聖地」
にも選ばれている。

866 塩俵の断崖
しおだわらのだんがい

長崎県 平戸市

平戸島から生月大橋を渡り、生月島の塩俵へ行くルートは生月サンセットウェイと呼ばれる夕日の美しいドライブコース。塩俵は何本もの柱を立てたような柱状節理の断崖で高さ約20m、南北500mにわたって続く。崖の下では5〜7角形の柱の束が、まるで俵を重ねたように見える。県道沿いの展望スポットや、海岸沿いから迫力のある景観を眺められる。

九州

867 ハートロック
鹿児島県　奄美大島

県道82号線沿いの海岸にあり、干潮時に現れるハート型の潮だまり。条件が揃うと見事なハート型となる。

869 犬の門蓋
（いんのじょうふた）
鹿児島県　天城町

隆起サンゴ礁が浸食されてできた奇岩や断崖のある海岸。飢饉の時、野犬を投じた逸話がある。

868 芥屋の大門
（けやのおおと）
福岡県　糸島市

玄界灘の荒波による浸食でできた洞窟で、玄武岩が柱状節理をなしている。高さ64m、開口10m、奥行き90m。

870 御輿来海岸
（おこしきかいがん）
熊本県　宇土市

干潮時に独特な砂紋が海岸に現れる。干潮の差が大きな有明海ならではの風景で、三日月型の砂紋が続く。

871 桜井二見ケ浦
（さくらいふたみがうら）
福岡県　糸島市

高さ11.2mと11.8mの2つの岩の間に長さ30m、重さ1tの大しめ縄が張られている。夕日の絶景スポットでもある。

872 高浜海水浴場
たかはまかいすいよくじょう

長崎県　福江島

五島列島の福江島の西側にある白い砂浜の海水浴場。浅瀬はエメラルドグリーン、沖あいに行くと深いブルーに。

873 あやまる岬
あやまるみさき

鹿児島県　奄美大島

島の北端に位置する岬。なだらかな地形が綾に織られた手鞠に似ていることが名前の由来。

875 七ツ釜
ななつがま

佐賀県　唐津市

荒波で浸食された玄武岩の洞窟が7つ並んでいる。最大の穴は間口3m、奥行きは110mにも及ぶ。

876 青島神社の鬼の洗濯板
あおじまじんじゃのおにのせんたくいた

宮崎県　青島

青島は周囲860mの小さな島。青島神社の立つ沿岸は波状岩が広がり、干潮時に洗濯板のような岩肌が現れる。

874 馬ヶ背
うまがせ

宮崎県　日向市

日向岬にある幅10mの細い入江。柱状節理の断崖は奥行き200m、高さ70mと、日本一の高さを誇る。

九州

祭
Festival

877 佐賀インターナショナル バルーンフェスタ

さがインターナショナルバルーンフェスタ

佐賀県 佐賀市

色とりどりの熱気球が空を舞う競技大
会。毎年秋に開催され、100機を超える
熱気球が集まる。喜瀬川河川敷の約8km
区間が会場となり、上空から地上の目標
を目がけて砂袋を落とし、着地位置の正
確さで点数を競う。競技大会のほか、キ
ャラクターや動物形の気球が飛んだり、
夜間にバーナーの炎で気球がライトアッ
プされるイベントなども開催。

878 浜崎祇園祭
(はまざきぎおんまつり)

佐賀県　唐津市

浜玉町浜崎にある諏訪神社の祇園社の祭礼。毎年7月の第4土・日曜に開催される。全国でも最大級の高さ15m、重さ5tもある3基の山笠が浜崎市街地を練り歩く。屋形や人形で飾り付けられた漁師（浜区）、農家（西区）、商人（東区）の山笠があり、ハイライトは勢いよく何度も旋回させる「おおまぎり」。

大きな山笠が
ぐるぐる回る「おおまぎり」

437

879 柳川雛祭り さげもんめぐり
やながわひなまつり さげもんめぐり

福岡県　柳川市

ひな祭りのひな段と一緒に、布で作ったツル
やウサギなどの縁起ものや色鮮やかな柳川ま
りを吊るして飾る。

881 山鹿灯籠浪漫·百華百彩
やまがとうろうろまん・ひゃっかひゃくさい

熊本県　山鹿市

2月の金・土曜に全8回にわたり開催
される冬祭り。和傘や竹を使ったオ
ブジェが古い町並みを彩る。

880 うすき竹宵
うすきたけよい

大分県　臼杵市

11月の第1土・日曜に開催され
る。2万本の竹ぼんぼりやオブジ
ェの幻想的な明かりに包まれる。

882 博多祇園山笠
はかたぎおんやまかさ

福岡県　福岡市

山笠を担いで走り回る昇き山と
10m前後の高さがある飾り山が
見もの。7月1～15日に行われる。

883 高千穂の夜神楽
たかちほのよかぐら

宮崎県　高千穂町

天孫降臨の地とされる高千穂町で毎年11
月中旬～翌年2月上旬にかけて、町内20の
集落で行われる。神楽宿と呼ばれるところ
で夜通し、三十三番の神楽が奉納される。

984 唐津くんち
佐賀県　唐津市

唐津神社の秋季例大祭で11月2〜4日に開催。巨大な獅子頭や鯛などの曳山を囃子に合わせ町を巡行する。

886 扇山火まつり
大分県　別府市

扇山と呼ばれる標高815mの大平山の草に火をつけて焼く野焼きの祭り。4月上旬に行われる。

885 阿蘇神社 火振り神事
熊本県　阿蘇市

3月中旬に阿蘇神社で行われる、火がついた縄を振り回して五穀豊穣を祈る神事。火の輪が幻想的。

887 長崎ランタンフェスティバル
長崎県　長崎市

長崎新地中華街の旧正月(春節)を祝う祭りが長崎を代表するイベントに。期間中1万5000個ものランタンが灯される。

888 長崎くんち
長崎県　長崎市

江戸時代から続く諏訪神社の祭礼。10月7〜9日に開催される。「龍踊」など国際色豊かな要素をもつダイナミックな奉納踊が特徴。日本三大くんちのひとつで重要無形文化財。

九州

エメラルドグリーンの
海に浮かぶ
緑豊かな無数の島々

889 展海峰からの九十九島

てんかいほうからのくじゅうくしま

長崎県　佐世保市

佐世保港から平戸沖の海域は複雑に入り組んだリアス海岸で、208の島々が浮いている。島の密度は日本一だが、有人島は4島のみで、80％以上が手つかずの自然を保っている。九十九島最大の黒島はキリシタンの島として知られ、黒島天主堂がシンボル。黒島から渡し船で無人島に行くことも可能だ。九十九島を眺めるなら、俵ヶ浦半島の中央部に位置する展海峰へ。九十九島南部と佐世保港が望め、3月下旬〜4月上旬にかけては菜の花、10月上旬〜10月中旬にはコスモスが周辺に彩りを添える。九十九島の海域は干満の差が大きく養殖漁業が盛ん。なかでも「九十九島かき」、生産量日本一の「九十九島いりこ」が名物。

九州

890 城山展望台からの桜島
しろやまてんぼうだいからのさくらじま

鹿児島県 鹿児島市

城山は標高108mの小高い山で市街地の向こうに桜島が一望できる。600種以上の温帯・亜熱帯性植物が自生し、城山自然遊歩道を散策しながら自然と触れ合える。

891 杉の原放牧場
すぎのはらほうぼくじょう

佐賀県 唐津市

鳴子大橋でつながった加部島の最北端、ツイタ鼻の断崖の上にある牧草地。展望台からは草を食べる牛と肥前立石埼灯台、壱岐水道に浮かぶ島々が望める。

892 いろは島
いろはじま

長崎県 松浦市

玄海国定公園の伊万里湾内に浮かぶ大小の島々。48の島があるとされ「いろは」48文字から名前が付けられた。湾の周囲に大山公園展望台ほか展望台が点在する。

893 都井岬
といみさき

宮崎県　串間市

太平洋に突き出した岬。高鍋藩の藩営牧場だった場所で300年以上にわたり放牧が行われている。馬は日本在来の御崎馬。御崎神社、ソテツ自生地などの見どころが点在。

894 大観峰
だいかんぼう

熊本県　阿蘇市

阿蘇北外輪山の大観峰は標高936ｍの最高峰。カルデラ内に広がる阿蘇市の町並みや田園風景、阿蘇五岳を大パノラマで望める。周辺に遊歩道が整備されている。

895 長目の浜展望所
ながめのはまてんぼうじょ

鹿児島県　甑島

上甑島にある、鍬崎池、貝池、なまこ池と外洋を隔てる幅50m、長さ4kmの砂州が長目の浜。「眺めの浜」が語源。池はそれぞれ水質が違う。甑島国定公園に指定されている。

九州

898 八女中央大茶園
<ruby>八女中央大茶園<rt>やめちゅうおうだいちゃえん</rt></ruby>

福岡県　八女市

緩やかな斜面に広がる八女茶の一大生産地。展望所からは茶畑と有明海や島原半島が望める。

897 北浦茶の里
<ruby>北浦茶の里<rt>きたうらちゃのさと</rt></ruby>

宮崎県　延岡市

北浦町地下地区の山の斜面に広がる美しい茶畑。栽培されたお茶は名産の延岡茶に。

896 西湯浦園地展望所
にしゆのうらえんちてんぼうじょ

熊本県 阿蘇市

阿蘇スカイラインとミルクロード（県道339号）の交差する地点、レストラン北山の横から続いている小道を進むと展望スポットがある。外輪山の小高い場所にあり、阿蘇カルデラ内と阿蘇五岳を一望。行けるのはレストラン営業時間中のみ。

900 田染荘
たしのぶしょう

大分県 豊後高田市

奈良時代中期に墾田された、荘園の姿を残す歴史ある水田。一帯が世界農業遺産に認定。

899 押戸石の丘
おしといしのおか

熊本県 南小国町

眺めのいい丘の上にある巨石群。刻まれた線や模様が見つかり、古代の遺構とされる。

九州

夜景
Night View

長崎湾を囲む
町明かりはまるで
イルミネーション

902
さらくらやまからのやけい
皿倉山からの夜景

福岡県　北九州市

標高622mの皿倉山の山頂からは、北九州市内から下関にかけてが一望できる夜景の人気スポット。ケーブルカーとスロープカーを利用して山頂まで行ける。

901 いなさやまからのやけい
稲佐山からの夜景
長崎県　長崎市

2012年に「世界新三大夜景」、2015年に「日本新三大夜景」に選ばれた稲佐山からの夜景。標高333mの山頂にある展望台からは、浦上川や長崎港を挟んで無数の町明かりが散らばりロマンチック。晴れた日の昼は雲仙、天草、五島列島まで望むことができる。稲佐山山頂まで車道が通じているほか、長崎ロープウェイ利用で約5分。

903 こうらたいしゃからのやけい
高良大社からの夜景
福岡県　久留米市

奥宮に湧く「高良山勝水」は勝利祈願で知られる。展望所からは久留米市街から有明海まで一望。131段の階段に並ぶ灯籠の点灯は8月と特別な日のみ。

九州

棚田
Rice terraces

大海原へと続く
急斜面に連なる
棚田のステップ

904
はまのうらのたなだ
浜野浦の棚田
佐賀県 | 玄海町

入江に続く急な斜面に大小283枚の田んぼが連なる。棚田の上にある展望所からは、谷をぎっしり埋め尽くす棚田と、その向こうに玄界灘が広がる美しい景色を楽しめる。夕日が棚田と海面をオレンジ色に染める絶景が見られるのは、田んぼの水張りが始まる4月中旬から田植えが終わる5月上旬にかけて。

905 大浦の棚田
おおうらのたなだ

佐賀県　唐津市

玄界灘に突き出した肥前町の、海岸線に沿って広がる棚田で、鎌倉時代から脈々と受け継がれてきた。海岸から標高約100mにかけて約1000枚の田んぼがある。

906 土谷棚田
どやたなだ

長崎県　松浦市

夕日が美しい海に面した約400枚の棚田。9月下旬に開催される『土谷棚田の火祭り』のあとには、約6000本のLEDが青とオレンジに点灯する幻想的な光景が見られる。

907 天空の里鹿里
てんくうのさとろくり

福岡県　八女市

山間の鹿里地区に広がる規模の大きな棚田。稲穂と赤いヒガンバナが見られるのは9月中旬～下旬。合わせて「星野村鹿里棚田彼岸花まつり」を開催。

九州

908
きつきのまちなみ
杵築の町並み
大分県　杵築市

杵築城の城下町として栄えた、江戸時代の面影を色濃く残す町並み。南北の台地に武家屋敷、そこに挟まれた谷川に沿って町家が並ぶ谷町があり、何本もの坂道が高台と谷町を結んでいた。写真は下に酢屋があったことから「酢屋の坂」と呼ばれる、北台の武家屋敷へと続く杵築を代表する風景。坂の下から上に幅が広くなっているのは防衛のためとされる。南台の間の「塩屋の坂」も見どころ。

910 柳川 川下り
やながわ かわくだり

福岡県 柳川市

柳川は城下町を整備する際に掘られた堀割。どんこ舟での川下りで美しい景観を楽しめる。

909 飫肥城下町
おびじょうかまち

宮崎県 日南市

豊臣秀吉に仕えた伊東家の、飫肥城の城下町。復元された大手門、石垣、漆喰の塀が残る。

911 黒川温泉湯あかり
くろかわおんせんゆあかり

熊本県 南小国町

江戸時代から湯治場として親しまれてきた温泉地。約30の宿が集まっており、入湯手形を入手して露天風呂巡りができるのが魅力。竹の明かりがロマンチックな「黒川温泉湯あかり」は冬の風物詩。

912 鉄輪温泉の湯けむり
かんなわおんせんのゆけむり

大分県 別府市

別府八湯のひとつで「地獄めぐり」の中心地。古い町並みのあちこちから湯けむりが上がる様子は「別府の湯けむり・温泉地景観」として国の重要文化的景観に選定。展望台から眺められる。

914 はらじりのたき
原尻の滝

大分県 豊後大野市

田園地帯にある、崩落したアーチ状の断崖を流れ落ちる幅120m、高さ20mの迫力ある滝。滝の下や、吊り橋の滝見橋から滝全体が見渡せる。

荒々しい岩肌から
青い滝壺へと
落ちる無数の滝

913 雄川の滝
おがわのたき

鹿児島県 南大隅町

南大隅町の根占川地区を流れる雄川上流にある滝。断崖の上や途中から流れ出す美しい滝で、滝壺にはエメラルドグリーンの水をたたえている。滝は落差46m、幅60mほど。上流に水力発電所施設があり、放水により水量が変化する。駐車場から滝まで遊歩道を歩いて1.2km、約20分の距離。隣接する錦江町には滝を上から見下ろすことができる「雄川の滝上流展望所」もある。

915 千尋の滝
せんぴろのたき

鹿児島県 屋久島

屋久島を代表する豪快な滝。モッチョム岳の滑らかな花崗岩の岩盤を、約60ｍの落差で一気に流れ落ちる。千人が手を広げたぐらい大きな岩、が滝の名前の由来。展望台から岩盤と滝が一望できる。

九州

916 なべがたき
鍋ヶ滝
熊本県　小国町

黒川温泉の近くにある鍋ヶ滝は、滝を裏側から見られることから「裏見の滝」とも呼ばれている。落差10m、幅約20mで水のカーテンのよう。春にはライトアップも。

917 そぎのたき
曽木の滝
鹿児島県　伊佐市

川内川上流にあり、千畳岩から流れ落ちる幅210m、高さ12mの滝は東洋のナイアガラと称される。一帯は公園となっており春は桜、秋の紅葉が美しい。

918 ごろうがたき
五老ヶ滝
熊本県　山都町

水路橋で有名な通潤橋の近くにある落差50mの滝。町内に多数ある滝群、矢部四十八滝のなかでは最大。遊歩道の吊り橋からダイナミックな滝を間近に見られる。

921 龍門の滝
<ruby>りゅうもんのたき</ruby>

大分県 九重町

竜門寺の境内にある2段の滝。1段目は落差26m、幅40mで迫力があり、2段目は滝すべりができる。

919 見帰りの滝
<ruby>みかえりのたき</ruby>

佐賀県 唐津市

アジサイで有名な相知地区にある落差100mの滝。滝はふたつに分かれ右側が男滝、左側は女滝。

920 菅生の滝
<ruby>すがおのたき</ruby>

福岡県 北九州市

紫川の上流にある滝で、3段に分かれて流れ落ちる。上段にある一ノ滝が最大で落差30m。

922 慈恩の滝
<ruby>じおんのたき</ruby>

大分県 玖珠町・日田市

町の境にある2段式の滝で落差は上段が20m、下段は10m。遊歩道から滝の裏側を見ることができる。

九州

花
Flower

九十九島の展望に
ツツジの花が
鮮やかに色を添える

923
ながぐしやまこうえんのツツジ
長串山公園のツツジ
長崎県　佐世保市

西海国立公園の北九十九島や平戸島を望む、標高約230mの長串山。その斜面に4〜5月にかけて、久留米ツツジや平戸ツツジなど約10万本ものツツジが咲く。開花に合わせて「つつじまつり」も開催。公園内にはビジターセンターや遊具があり、年間を通して観光客が訪れる。夕日スポットとしても人気。

924 河内藤園
かわちふじえん

福岡県 北九州市

1850坪の広さに、22種100本ものフジが植えられた庭園。樋口さん一家が1968年からコツコツと造り上げた藤の楽園だ。約160mにわたり、紫や白のフジの穂が頭上を彩る藤のトンネルは幻想的。ほかにも80mの藤のトンネル、天を覆う藤ドーム、1000坪の広さがある大藤棚、藤棚の通路などがある。見頃は4月下旬～5月中旬。秋には約700本のモミジの紅葉が楽しめる。

九州

925 くじゅう連山のミヤマキリシマ

くじゅうれんざんのミヤマキリシマ

大分県 九重町・竹田市

標高1791mの中岳や1787mの久住山などの山々が連なるくじゅう連山。山頂付近に5月下旬～6月中旬にかけてツツジの仲間、ミヤマキリシマが咲く。特に有名なのは標高1643mの平治岳。

926 西都原古墳群のヒマワリ

さいとばるこふんぐんのヒマワリ

宮崎県 西都市

古墳時代に造られた300基を超える古墳が点在する東西2.6㎞、南北4.2㎞の特別史跡公園。春は桜と菜の花、夏はヒマワリ、秋はコスモスが古墳に彩りを添える。

927 生駒高原
いこまこうげん

宮崎県　小林市

霧島山を望む12万㎡の花の名所。4月中旬〜5月下旬は15万本のカリフォルニアポピーが咲く。

929 御船山楽園
みふねやまらくえん

佐賀県　武雄市

御船山を借景にした15万坪の池泉回遊式庭園。春は20万本のツツジが咲き、ライトアップも。

928 白木峰高原
しらきみねこうげん

長崎県　諫早市

3月下旬〜4月上旬、雲仙岳を望む斜面に約10万本の菜の花が咲く。秋の20万本のコスモスも有名。

930 池田湖の菜の花
いけだこのなのはな

鹿児島県　指宿市

周囲15kmの九州最大のカルデラ湖。12月下旬〜2月上旬は湖畔に菜の花が咲く。開聞岳も望める。

931 のこのしまアイランドパーク

福岡県　福岡市

博多湾に浮かぶ周囲12kmの能古島にあるレクリエーション公園。年間を通して花が咲き、3月下旬〜5月上旬はカラフルなリビングストンデージーが一面に広がる。

九州

932 宇佐神宮
うさじんぐう

大分県 宇佐市

全国に約4万社ある八幡様の総本宮。725(神亀2)年に御殿に八幡大神(応神天皇)を祀ったのが始まり。3柱を祭神とする3つの御殿からなる八幡造りの本殿(上宮)は国宝に指定されている。西参道の呉橋は屋根の付いた神橋で橋長25m。鎌倉時代以前よりあるといい、10年に1度の勅祭の日のみ開く。

933 大魚神社の海中鳥居
おおうおじんじゃのかいちゅうとりい

佐賀県 太良町

有明海に立つ3基の鳥居。潮の満ち引きや日の光により幻想的に浮かび上がる。島に置き去りにされた代官を救ってくれた大魚(ナミノウオ)に感謝して「大魚神社」と鳥居を建てたと伝わる。

参道に架かる屋根付きで美しい朱塗りの神橋

935 天安河原
あまのやすかわら
宮崎県 高千穂町

天岩戸神社の近くにある、天照大御神の岩戸隠れの伝説がある洞窟。別名「仰慕ヶ窟」。

934 祐徳稲荷神社
ゆうとくいなりじんじゃ
佐賀県 鹿島市

衣食住の守護神が祀られている日本三大稲荷のひとつ。鮮やかな本殿を中心とした広い境内は花も美しい。

九州

936 鵜戸神宮
うどじんぐう

宮崎県 日南市

日向灘を望む鵜戸崎岬の先端に位置し、一帯は国の名勝に指定。亀石の窪みに「運玉」を投げ入れる運だめしが人気。主祭神の産殿とされる洞窟内に、朱塗りの本殿が立っている。

937 上色見熊野座神社
かみしきみくまのいますじんじゃ

熊本県 高森町

杉並木の中にのびる参道は苔むした石段が続き、整然と並ぶ石灯籠と相まって神秘的。社殿からさらに上ると穴の大きさが10m以上もある大風穴「穿戸岩」がある。

938 荒平天神
あらひらてんじん

鹿児島県 鹿屋市

錦江湾沿いの岬、岩山上（天神島）にある菅原道真を祀る神社。岬までの砂地は弓形の湾に挟まれ、海に浮かんでいるように見える。夕日のスポットとしても人気。

939 小倉城
こくらじょう

福岡県 北九州市

1602（慶長7）年に細川忠興が築城。当時の天守閣は四重五階で、破風のない独特な唐造りだったという。現在の城は1959年に復興。内部にシアターや資料館などがある。

940 唐津城
からつじょう

佐賀県 唐津市

1608（慶長13）年に築城。天守閣は1966年に造られたもので、松浦湾から玄界灘まで一望できる展望台になっている。別名「舞鶴城」。桜やフジの名所としても知られる。

941 島原城
しまばらじょう

長崎県 島原市

島原の乱で知られる松倉豊後守重政により1624（寛永元）年に築城。石垣の上に約4kmもの塀を巡らし、7カ所の城門があった。1960年以降に天守や長塀を復元。

九州

942 水前寺成趣園
すいぜんじじょうじゅえん

熊本県 熊本市

肥後細川家の熊本藩主細川綱利の代に完成した回遊式庭園。阿蘇の伏流水が湧き出る池を中心に、築山、浮石、松などが配されており、歴代藩主らを祀る出水神社がある。

約1億3000万年前の北九州にタイムトリップ

943 北九州市立いのちのたび博物館
きたきゅうしゅうしりついのちのたびはくぶつかん

福岡県 北九州市

生命の進化や人の歴史をテーマとした博物館。エンパイラマ館では中生代・白亜紀の北九州の恐竜や生き物たちとその環境を、360度体感型のジオラマで再現。古代魚が泳ぎ、ワキノサトウリュウなどが動き出す。

944 霧島アートの森
きりしまアートのもり
鹿児島県 湧水町

野外美術館には国内外の作家が霧島の景観や歴史に触れて作り上げたオリジナル作品を展示。シャングリラの華は桃源郷に咲き誇る花がテーマで生命・魂・希望を表現したもの。

シャングリラの華　草間彌生

945 大分県立美術館(OPAM)
おおいたけんりつびじゅつかん(オーパム)
大分県 大分市

大分ゆかりの作家作品を中心に館内、アトリウム、天庭に多彩な作品を展示。斬新な外観は日本を代表する建築家・坂茂の設計。OPAMの愛称で2015年に開館。

九州

橋
Bridge

イタリア人建築家らが
設計を手がけた
自然と調和した橋

947 であいばし・とどろばし
出会橋・轟橋
大分県　豊後大野市

奥に見える出会橋は1924（大正13）年に完成。住民が渡るための橋で全長とアーチの径間は29.3m。轟橋は1934（昭和9）年に完成したトロッコ列車のための橋で全長68.6m、アーチ径間は32.1mで日本一。

466

948 筑後川昇開橋
ちくごがわしょうかいきょう

福岡県　大川市
佐賀県　佐賀市

筑後川に架かる旧国鉄佐賀線の橋で、船舶が通行できる昇降式可動橋として1935年に開通。全長507m、可動橋は24m、高さは23mまで上がる。現在は遊歩道となっている。

949 虹の吊り橋大滝橋
にじのつりばしおおたきばし

鹿児島県　錦江町

神川大滝や小滝がある神川大滝公園にあり、全長130m、高さ25m、幅は2m。橋の上から大滝を望める。

951 照葉大吊橋
てるはおおつりばし

宮崎県　綾町

カシやシイなど照葉樹林の森を全長250m、高さ142mの吊り橋から一望できる。橋遊歩道がある。

950 九重"夢"大吊橋
ここのえ"ゆめ"おおつりばし

大分県　九重町

全長390m、高さは173mの橋で歩道専用としては日本一を誇る。震動の滝が眺められる。

952 平戸大橋
ひらどおおはし

長崎県　平戸市

本土と平戸島を結ぶ朱塗りの吊り橋。全長880m、吊り橋部665m、幅10.7m、海面からは30m。夜はライトアップされる。

九州

森林セラピー基地を歩いて
水辺の落葉松の森へ

953 篠栗九大の森

^{ささぐりきゅうだいのもり}

福岡県 | 篠栗町

篠栗町と九州大学が整備、管理を行っている約17haの森。九州大学福岡演習林の一角に位置している。森のなかにはクスノキやヤマモモなど約50種の常緑広葉樹と、コナラやハゼノキなど約40種の落葉広葉樹が生育。森の力で心と身体を健康にする「森林セラピー基地」に認定されている。蒲田池を囲むように約2kmの遊歩道が整備され、もみじ広場、はんのき広場、えごの木広場などの広場をつないで周遊できる。水辺の森には湿地や水に浸かる場所で生育する、北アメリカ原産のラクウショウ（落羽松）、別名ヌマスギが生える。水面に木が並ぶ不思議な景観に癒されると、話題のスポットになっている。

九州

みやじだけじんじゃのひかりのみち
宮地嶽神社の光の道

福岡県　福津市

約1700年前に創建された歴史ある神社で、ご祭神の宮地嶽三柱大神は「何事にも打ち勝つ開運の神」とされることから、開運や商売繁昌の神として多くの参拝者を集めている。また、神社内の古墳からは貴重な品々が出土し、一部は国宝に認定。2月と10月に見られる「光の道」は、参道から玄界灘まで真っ直ぐのびるオレンジ色の道が神秘的。秋の時期には参道の階段が観覧席になる。

955 長部田海床路の夕日

熊本県　宇土市

海苔の養殖が盛んな有明海にある、漁師が船に乗るために利用している約1kmの道路。満潮時には海に沈み、24本の電柱だけが海中に等間隔に並ぶ。

956 阿蘇ファームヴィレッジ（大自然阿蘇健康の森）

あそファームヴィレッジ（だいしぜんあそけんこうのもり）

熊本県　南阿蘇村

健康増進を目的とした、阿蘇ファームランド内にある。ドーム型の建物は宿泊施設で、独立した400棟以上が並ぶ。室内はバス・トイレ付き。丸い形に癒され熟睡できるという。ゾーンへの入場は宿泊者のみ。

957 吉野ヶ里歴史公園

よしのがりれきしこうえん

佐賀県　吉野ヶ里町

紀元前5世紀から3世紀にかけての、弥生時代の大規模環壕集落、吉野ヶ里遺跡の建物の一部を復元、展示している公園。住居や倉庫、物見櫓などを見ることができる。

九州

958 ハウステンボスのイルミネーション

©ハウステンボス　J−19161

長崎県　佐世保市

ヨーロッパの街並みやガーデンがイルミネーションに包まれる。「光の王国」開催時には1300万球が輝き、光の新スポットが登場する。

961 日向神峡 (ひゅうがみきょう)

福岡県　八女市

矢部川にある火山岩が浸食されてできた渓谷で、奇岩、奇峰が見られる。ハート型の岩が話題。

962 白水ダム (はくすいダム)

大分県　竹田市

正式名称は白水溜池堰堤。カーテンのような流れは、水圧を抑えるための工夫。

959 南蔵院の釈迦涅槃像 (なんぞういんのしゃかねはんぞう)

福岡県　篠栗町

全長41m、高さ11m、重さ300tあり、ブロンズ製の釈迦涅槃像としては世界最大。注意事項を守って参拝を。

963 日本一の石段 (にほんいちのいしだん)
（釈迦院御坂遊歩道）(しゃかいんみさかゆうほどう)

熊本県　美里町

釈迦院の表参道の御坂に作られた3333段、高低差620mの石段。全国の名石と世界各国の御影石が使われている。

960 サンメッセ日南 (サンメッセにちなん)

宮崎県　日南市

世界で唯一、イースター島の長老会から特別許可を得た7体のモアイ像（アフ・アキビ）がシンボル。

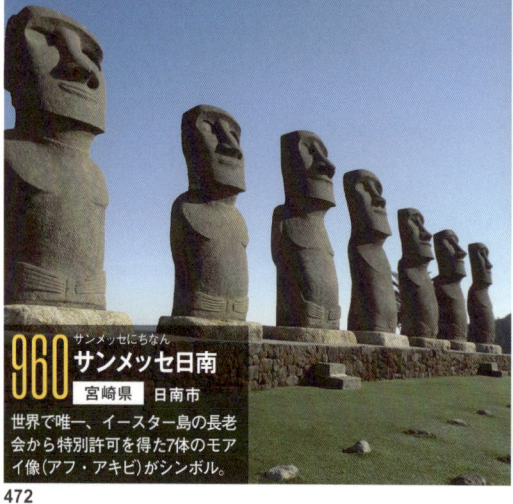

964 博多もつ鍋
はかたもつなべ

福岡県

福岡市周辺の郷土料理で、牛や豚の内臓のモツ（ホルモン）とニラを炊いて味付けした鍋料理。

967 呼子のイカ
よぶこのいか

佐賀県

イカの町で知られる唐津市呼子。玄界灘でとれる剣先イカを活き造りや一夜干しで味わう。

965 辛子蓮根
からしれんこん

熊本県

蓮根の穴に辛子味噌を詰め、周りに衣を付けて揚げたもの。江戸時代からの歴史がある。

968 長崎ちゃんぽん
ながさきちゃんぽん

長崎県

豚肉、エビ、蒲鉾などと野菜を炒め、トンコツベースのスープを加えた麺料理。

966 ひや汁
ひやしる

宮崎県

いりこと焼き味噌をダシ汁でのばしキュウリや豆腐などを入れ、熱いご飯にかけて食べる。

969 鶏飯
けいはん

鹿児島県

奄美地方の郷土料理。ご飯の上に鶏肉、錦糸卵、椎茸などの具をのせ、鶏スープをかけたもの。

九州

COLUMN_10

古代日本の「西の都」

～東アジアとの交流拠点～

970

だざいふてんまんぐう
太宰府天満宮

福岡県　太宰府市

菅原道真公の墓所の上に905（延喜5）年に建てられた。全国に約1万2000社ある天満宮の総本宮で、「学問、至誠、厄除け」の神様として全国から崇敬を集める。自然豊かな境内には約6000本の梅があり、梅の名所としても知られる。

いまから約1300年前に興った「西の都」、大宰府。唐王朝の文化を取り入れ、国際色豊かな、東アジアの先進文化が流れ込む大都市だったという。2km四方の碁盤の目状の市街区が広がり、そのなかに教育機関、観世音寺、外国使節を迎える客館などがあり、北の中央に大宰府政庁などの政府機関が置かれていた。大宰府の長官として赴任していた大伴旅人の邸宅で行われた、「梅花宴」で詠まれた32首の万葉歌の序文が「令和」の典拠となったことは広く知られている。

日本遺産とは

文化庁が認定した、
地域の歴史的魅力や特色を通じて
日本の文化・伝統を語るストーリー。

その他の主な構成文化財

だざいふあと［せいちょうあと］
大宰府跡［政庁跡］　福岡県　太宰府市

かんぜおんじ
観世音寺　福岡県　太宰府市

だざいふがっこういんあと
大宰府学校院跡　福岡県　太宰府市

だざいふてんまんぐうのでんとうぎょうじ
太宰府天満宮の伝統行事　福岡県　太宰府市

だざいふのうめ
太宰府の梅　福岡県　太宰府市

沖縄
O K I N A W A

沖縄

おきなわ

エリア別ダイジェストガイド

沖縄県 ●おきなわけん

160もの島々からなる独自の文化をもつ県

日本列島の南西、北緯27度から24度の1200kmの海洋に浮かぶ、160余りの島々からなる。沖縄諸島、宮古諸島、八重山諸島があり、周囲を取り巻く美しい海、亜熱帯性の豊かな自然、独特な文化が魅力。

DATA
●県庁所在地：那覇市 ●市町村数：11市・11町・19村 ●面積：2281km² ●人口：約144万人

ゴーヤーと呼ばれるニガウリはチャンプルーに欠かせない

●名物・名品

南国の気候が育てるトロピカルなフルーツや野菜、魚介類などが味わえる。伝統的な味に加え、琉球王国時代に海を渡って伝わった沖縄ならではの料理も多い。炒め物のチャンプルー、豚肉料理などが代表的だ。

シークヮーサーで知られるヒラミレモン

豚足がほろほろになるまで炊いたテビチの煮込み

そうめんを野菜と一緒に炒めたソーメンチャンプルー

小麦粉で作る伝統菓子ちんすこう

沖縄本島 ●おきなわほんとう

沖縄の中心都市那覇のある本島

沖縄本島と周辺の島々からなり、本島の那覇は沖縄の経済の中心。26市町村がある島内は4つのエリアに分けられる。

●名所

「琉球王国のグスク及び関連遺産群」が世界遺産に登録。ジンベエザメが泳ぐ沖縄美ら海水族館は大人気。

雅な琉球王朝時代を伝える首里城跡

●名物・名品

代表的な工芸品では「やちむん」と呼ばれる沖縄の焼き物、琉球ガラス、織物の紅型など。

県内には多くのガラス工房がある

宮古諸島 ●みやこしょとう

サンゴ礁に囲まれた島々

沖縄本島の南西約290kmの海洋に浮かぶ宮古島と、周辺に散らばる8つの有人島からなる。

●名物・名品

沖縄諸島や八重山諸島と違う、独特な文化が伝わる。宮古上布は400年の歴史がある。

●名所

海の美しさは沖縄屈指で、スノーケリングやダイビング、展望スポット巡りが楽しめる。

最東端の東平安名崎からの絶景

植物の苧麻(ちょま)を使って織る宮古上布

八重山諸島 ●やえやましょとう

日本最南端と最西端の島がある

石垣島を中心に竹富島、西表島など特色のある島々からなる。波照間島は日本最南端、与那国島は日本最西端の有人島。

●名物・名品

パイナップルやサトウキビが名産。煮た豚肉とカマボコがのった八重山そばが名物。

●名所

石垣島から船で竹富島、西表島などに行くことができ、それぞれに魅力的な見どころがある。

石垣島を代表する観光スポット川平湾

スープは豚骨ベース。麺は丸麺が特徴

沖縄エリア絶景リスト

［全30カ所］

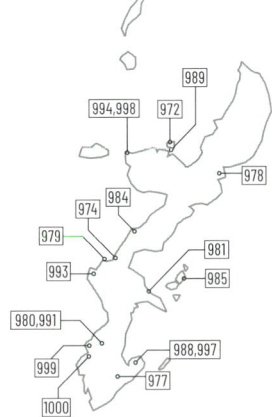

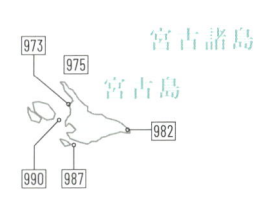

沖縄本島

久米島

宮古諸島

宮古島

石垣島

西表島

八重山諸島

沖縄

西表島沖に浮かぶ
サンゴのカケラの
真っ白な島

971 バラス島
バラスとう

沖縄県　西表島

西表島と鳩間島の中間付近に浮かぶ、サンゴの欠片でできた島。バラスとは、ダイビング用語でサンゴの死骸を意味している。幅約5m、長さ100mほどだが、波や風の影響を受けて形が変わり、水没してしまうこともある。バラス島へは西表島からツアーに参加して行くのが一般的。ボートで約10分で島に到着し、上陸してのんびりしたり、周囲の海でスノーケルを楽しんだりできる。海中にはサンゴがぎっしり生え、その上をトロピカルフィッシュが泳ぎ回る。ベストシーズンは海が穏やかな5月中旬〜10月中旬。ただし、台風など気象状況によっては中止となる。

沖縄

972 ティーヌ浜のハートロック
ティーヌはまのハートロック

沖縄県 古宇利島

沖縄本島と古宇利大橋で結ばれた、古宇利島の
ティーヌ浜にある波の浸食で削られた岩。ハート
型をしていることからパワースポットとして人気。

973 砂山ビーチ
すなやまビーチ

沖縄県 宮古島

真っ白な砂浜とコバルトブルーの
海、アーチ型の岩の美しい景色が
話題となり、宮古島を代表する人
気スポットに。現在、アーチ内へ
は立入禁止。

974 リゾートビーチ

沖縄県 恩納村

沖縄の中部に位置する美しい恩納海岸には
リゾートホテルが立ち並ぶ。ルネッサンス
リゾート オキナワは全室オーシャンビュ
ーでビーチが一望。

975 八重干瀬
やびじ

沖縄県　宮古島

宮古島の北方の海域にある日本最大級のサンゴ礁群。ダイビングやスノーケルスポットとして人気で、宮古島や池間島からツアーで行くことができる。

976 波照間島の星空
はてるまじまのほしぞら

沖縄県　波照間島

八重山諸島にある日本最南端の有人島。星空の美しさで知られ、南十字星が観測できる。

977 玉泉洞
ぎょくせんどう

沖縄県　南城市

おきなわワールドにある国内最大級の洞窟。遊歩道から鍾乳石の造形美を見学できる。

978 慶佐次湾のヒルギ林
げさしわんのヒルギばやし

沖縄県　東村

沖縄本島最大級のマングローブ林。ヤエヤマヒルギなど3種類が生育している。

979 真栄田岬・青の洞窟
まえだみさき・あおのどうくつ

沖縄県　恩納村

真栄田岬の断崖が浸食されてできた青の洞窟。幻想的な世界をスノーケルやダイビングで楽しめる。

沖縄

980 首里城公園
しゅりじょうこうえん

 沖縄県　那覇市

三山時代には按司の居城、15世紀の琉球統一後は国王の居城として王府の中枢を担ってきた王城跡。「琉球王国のグスク及び関連遺産群」のひとつとして世界遺産に登録されている。戦後に再建された首里城は沖縄のシンボルだったが、2019年10月に発生した火災により主要な7棟が焼失。現在、復元に向けたさまざまな取り組みが進んでいる。（※写真は火災前のもの）

981 勝連城跡
かつれんじょうあと

沖縄県　うるま市

琉球王国時代に勝連半島に繁栄をもたらした按司・阿麻和利の居城跡。断崖の上に造られた、三層の曲線からなる美しい石積みが特徴。世界遺産の構成要素。

982 <ruby>東平安名崎<rt>ひがしへんなざき</rt></ruby>

沖縄県　宮古島

宮古島の東部に長くのびる半島の先端にあり、たくさんの岩が転がる独特な景観を一望できる。一帯は公園として整備され、200種を超える花の宝庫。

沖縄

983
かびらわん
川平湾

沖縄県　石垣島

世界屈指の透明度を誇る海に緑の小島が浮かぶ風景は、日本百景にも選ばれる絶景。西側にある川平公園展望台からは石垣島を代表する川平湾の眺望が楽しめる。海中を眺めるなら、底がガラスになったグラスボートに乗船。透明な海の中にはサンゴや、トロピカルフィッシュが泳ぎ回る。遊泳は禁止だが、湾内の無人島に上陸したり、スノーケルができるツアーもある。

984 万座毛
まんざもう

沖縄県 恩納村

沖縄中部に位置する、東シナ海に面した高さ約20mの琉球石灰岩の断崖。荒々しい岩とコバルトブルーの海、断崖の上の草原が美しい景観を作り出している。

985 果報バンタ
かふうバンタ

沖縄県 宮城島

本島と海上道路でつながった宮城島にある展望スポット。バンタとは沖縄の方言で崖を意味し、高さ120mの崖の上から透明な海の絶景が楽しめる。

986 玉取崎展望台
たまとりざきてんぼうだい

沖縄県 石垣島

ハイビスカスの咲く遊歩道にある展望台からは、石垣島東部の沿岸を一望できる。一帯は日本初の星空保護区にも認定されている。

沖縄

橋
Bridge

987 来間大橋
くりまおおはし

沖縄県　来間島

宮古島と来間島を結ぶ全長1690mの橋。船舶が航行できるよう真ん中部分が盛り上がっており、最も高い場所から海面まで13.5m。透明なブルーの海に真っ直ぐのびる橋は、橋全体の景観も、橋の上からの眺めも素晴らしい。橋を眺めるなら来間島にある来間東農村公園がベスト。橋は歩道を歩いて渡ることができ、途中に展望スポットもある。

988 ニライカナイ橋
ニライカナイばし

沖縄県　南城市

県道86号線から国道331号線へカーブを描きながら下っていく橋で全長1200m、高さ80m。橋の頂上付近にあるトンネルの上が展望スポットになっている。

透明度バツグンの
海を渡って
宮古から来間島へ

989 古宇利大橋
こうりおおはし

沖縄県　今帰仁村

名護市の屋我地島と古宇利島を
結ぶ全長1960mの橋。橋のたもと
には美しい古宇利ビーチがある。

990 伊良部大橋
いらぶおおはし

沖縄県　伊良部島

2015年に完成した全長3540m
の、無料で渡れる橋としては日
本一長い橋。宮古島と伊良部島
を弧を描くように結ぶ。

沖縄

城下町に残る
琉球石灰岩の
風情ある石畳道

991
しゅりきんじょうちょういしだたみみち
首里金城町石畳道
沖縄県　那覇市

琉球王朝時代に城下町として栄えた金城町にある、琉球石灰岩が敷き詰められた石畳。かつては首里城から南部へ向かう道の一部だったが、沖縄戦で大部分が破壊され、現在は約300mのみが保存されている。「日本の道100選」のひとつ。石畳道の両脇には、風情ある石垣や赤瓦の古民家が残されている。

992 竹富島の集落
たけとみじまのしゅうらく

沖縄県 竹富島

島の中心の集落には赤瓦屋根の伝統家屋が点在。周囲には琉球石灰岩の石垣があり、サンゴの白砂が敷き詰められた白い道がのびる。名物の水牛車で一周できる。

993 やちむんの里
やちむんのさと

沖縄県 読谷村

沖縄の伝統的な焼き物である「やちむん」の工房が点在するスポット。共同の登り窯があり、18の工房が生産や販売をしているほか、ふたつの共同売店もある。

沖縄

ジンベエザメが
悠々と泳ぐ
感動の大水槽

国営沖縄記念公園（海洋博公園）・沖縄美ら海水族館

995 よなぐにかいていいせき
与那国海底遺跡
沖縄県 与那国島

与那国島沖約100mの海底で見つかった、人工的に切り出したようなステップや積み上げたようなものがある岩石群。スノーケルやダイビングで見ることができる。

994 沖縄美ら海水族館
おきなわちゅらうみすいぞくかん

沖縄県 本部町

77もの水槽で約520種の生き物を展示。なかでも全長8.7mのジンベエザメやナンヨウマンタが泳ぐ深さ10m、幅35mの大水槽「黒潮の海」は圧巻。複数のジンベエザメの飼育は世界初だ。ほかにも、約70種類、450群体のサンゴが見られる「サンゴの海」、トロピカルフィッシュが泳ぎ回る「熱帯魚の海」などいずれも見応え満点。

996 由布島への水牛車
ゆぶじまへのすいぎゅうしゃ

沖縄県 由布島

西表島から水牛車に乗って行く由布島。周囲2.15kmほどの島内は亜熱帯植物園になっていて、ヤシの森や花が咲くガーデン、レストランやショップもある。

沖縄

997 斎場御嶽

せーふぁうたき

沖縄県 南城市

琉球最高の聖地。2つの巨石が支え合う三庫理や、拝所のひとつ大庫理がある。世界遺産に登録。

998 備瀬のフクギ並木道

びせのフクギなみきみち

沖縄県 本部町

約2万本のフクギが、1kmにわたりトンネルのように生い茂る。パワースポットとして人気。

999 那覇ハーリー

なはハーリー

沖縄県 那覇市

毎年5月3〜5日開催。航海の安全や豊漁を祈願して、爬竜船を漕ぎ競い合う伝統行事。

1000 波上宮

なみのうえぐう

沖縄県 那覇市

那覇港を望む岩の上に立つ神社で琉球八社のひとつ。下には波穏やかな波の上ビーチが広がる。

DATA BOOK

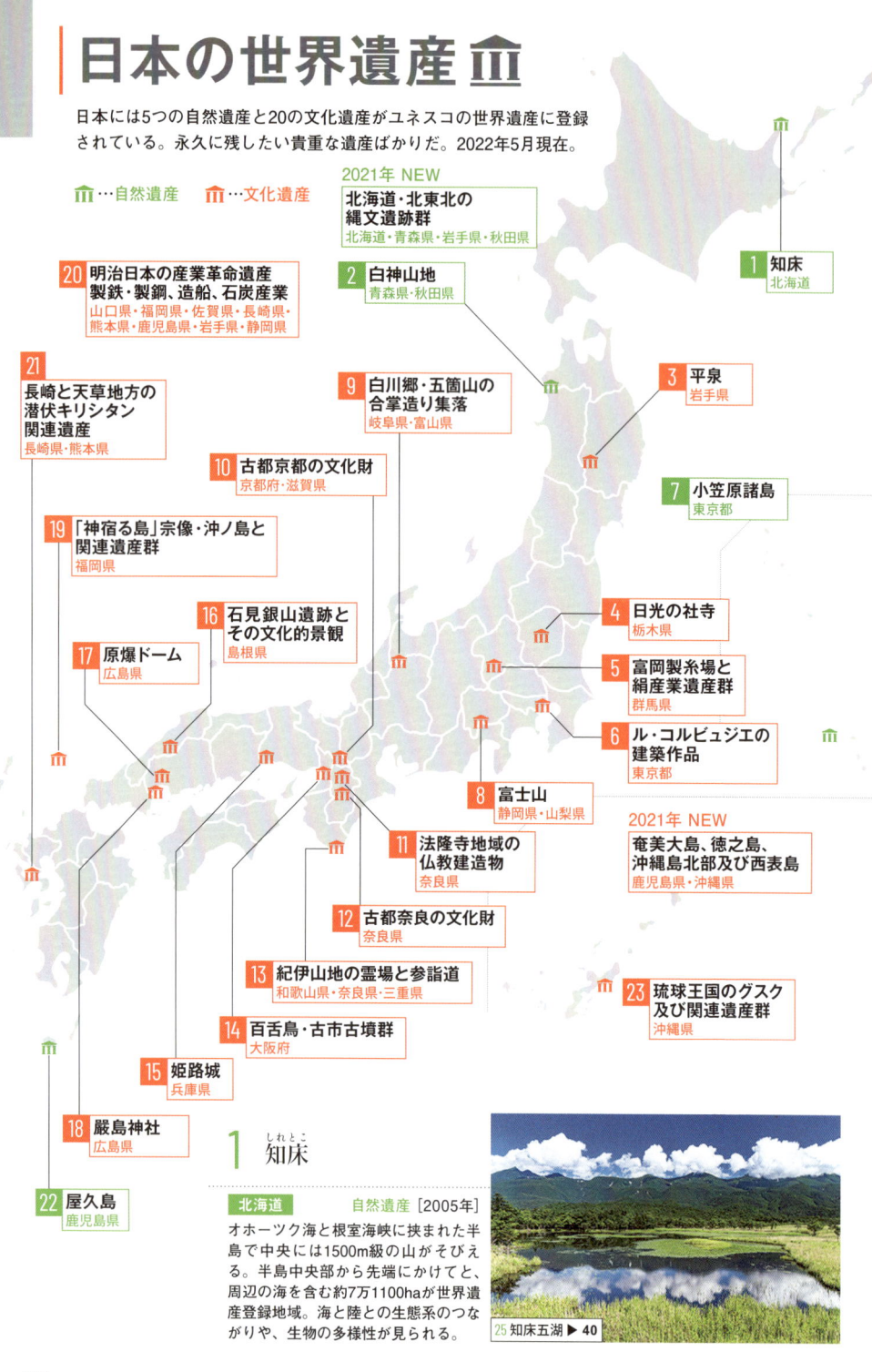

日本の世界遺産 🏛

日本には5つの自然遺産と20の文化遺産がユネスコの世界遺産に登録されている。永久に残したい貴重な遺産ばかりだ。2022年5月現在。

🏛…自然遺産　　🏛…文化遺産

2021年 NEW

北海道・北東北の縄文遺跡群
北海道・青森県・岩手県・秋田県

1 知床
北海道

20 明治日本の産業革命遺産
製鉄・製鋼、造船、石炭産業
山口県・福岡県・佐賀県・長崎県・熊本県・鹿児島県・岩手県・静岡県

2 白神山地
青森県・秋田県

21 長崎と天草地方の潜伏キリシタン関連遺産
長崎県・熊本県

9 白川郷・五箇山の合掌造り集落
岐阜県・富山県

3 平泉
岩手県

10 古都京都の文化財
京都府・滋賀県

7 小笠原諸島
東京都

19 「神宿る島」宗像・沖ノ島と関連遺産群
福岡県

16 石見銀山遺跡とその文化的景観
島根県

4 日光の社寺
栃木県

17 原爆ドーム
広島県

5 富岡製糸場と絹産業遺産群
群馬県

6 ル・コルビュジエの建築作品
東京都

8 富士山
静岡県・山梨県

2021年 NEW

奄美大島、徳之島、沖縄島北部及び西表島
鹿児島県・沖縄県

11 法隆寺地域の仏教建造物
奈良県

12 古都奈良の文化財
奈良県

13 紀伊山地の霊場と参詣道
和歌山県・奈良県・三重県

23 琉球王国のグスク及び関連遺産群
沖縄県

14 百舌鳥・古市古墳群
大阪府

15 姫路城
兵庫県

18 厳島神社
広島県

22 屋久島
鹿児島県

1 知床（しれとこ）

北海道　　自然遺産［2005年］

オホーツク海と根室海峡に挟まれた半島で中央には1500m級の山がそびえる。半島中央部から先端にかけてと、周辺の海を含む約7万1100haが世界遺産登録地域。海と陸との生態系のつながりや、生物の多様性が見られる。

25 知床五湖 ▶ 40

2 白神山地
しらかみさんち

青森県 **秋田県**　　　自然遺産［1993年］

秋田県と青森県にまたがる白神山地の中心部、約1万7000haが世界遺産に登録されている。東アジア最大の原始的なブナの森が広がり、ブナ以外にも500種類以上の多様な植物が生育している。

3 平泉―仏国土（浄土）を表す建築・庭園及び考古学的遺跡群―
ひらいずみ　ぶっこくど　じょうど

岩手県　　　文化遺産［2011年］

12世紀、理想の世界を求めて日本で独自に発展した、浄土思想にもとづいて造営された仏国土の寺院や庭園が残る。中尊寺、毛越寺のほか観自在王院跡、無量光院跡、金鶏山が構成資産。

121 中尊寺金色堂 ▶ 88

125 毛越寺の浄土庭園 ▶ 91

4 日光の社寺
にっこう

栃木県　　　文化遺産［1999年］

構成資産は東照宮のほか、二荒山神社、輪王寺を取り巻く国宝9棟を含む103棟の建造物や遺跡。独自の信仰、江戸時代の神仏習合の建築様式、日光の景観などが高く評価されている。

293 日光東照宮 ▶ 169

5 富岡製糸場と絹産業遺産群
とみおかせいしじょう

群馬県　　　文化遺産［2014年］

フランスの技術を導入し絹の大量生産に成功した近代産業遺産。集合体としての価値や和洋折衷の建築様式が評価された。富岡製糸場と田島弥平旧宅、高山社跡、荒船風穴が登録資産。

274 富岡製糸場 ▶ 162

6 ル・コルビュジエの建築作品 ―近代建築運動への顕著な貢献―

東京都　　　文化遺産［2016年］

近代建築三大巨匠のひとりでスイス出身の建築家ル・コルビュジエ。近代建築運動に貢献した。フランスを中心にインドやアルゼンチンまで7か国にまたがる17物件が世界遺産に登録されている。

291 国立西洋美術館 ▶ 168

7 小笠原諸島
おがさわらしょとう

東京都　　　文化遺産［2011年］

小笠原諸島は東京から約1000km離れた太平洋に浮かぶ海洋島で、独自の進化を遂げた固有種が多数生息。父島と母島の集落を除いた、ほとんどの島と一部海域が世界遺産に登録されている。

304 小笠原諸島 ▶ 172

8 富士山
―信仰の対象と芸術の源泉―

静岡県　山梨県　文化遺産 [2013年]

日本一の高さを誇る富士山は古くから山岳崇拝の対象であり、神社の創設、修験の道場から始まる富士登山、芸術の対象など多くの文化を残した。山梨と静岡、合わせて25件の構成資産からなる。

- 353 精進湖 ▶ 195
- 358 忍野八海 ▶ 197
- 467 三保の松原 ▶ 247
- 486 白糸ノ滝 ▶ 257

9 白川郷・五箇山の合掌造り集落

岐阜県　富山県　文化遺産 [1995年]

飛騨地方に残る合掌造りの集落。屋根裏が2層、3層からなる茅葺きの独特な木造建築で、硝石の製造や養蚕などの作業場に使われてきた。白川郷の荻町集落、五箇山の相倉集落と菅沼集落からなる。

- 397 五箇山の合掌造り集落 ▶ 216
- 468 白川郷 ▶ 248

10 古都京都の文化財
（京都市、宇治市、大津市）

京都府　滋賀県　文化遺産 [1994年]

平安京から始まる京都の歴史が凝縮されている建造物や庭園は、文化的価値が高い日本の象徴。建設当時の形態を残す京都府の16の社寺、滋賀県の比叡山延暦寺が構成資産となっている。

- 548 平等院鳳凰堂 ▶ 289
- 558 比叡山延暦寺 ▶ 291
- 559 龍安寺方丈庭園 ▶ 292
- 562 西芳寺（苔寺） ▶ 294

11 法隆寺地域の仏教建造物

奈良県　文化遺産 [1993年]

世界最古の木造建築と19世紀までの仏教建造物など。法隆寺は8世紀前半に、東院と金堂・五重塔などがある西院は7〜8世紀に再建。法起寺は706年に完成した三重塔が残る。

12 古都奈良の文化財

奈良県　文化遺産 [1998年]

奈良時代の都、平城京は唐（中国）との交流や仏教の影響で文化が栄えた。東大寺の大仏、藤原氏や天皇・皇后らによって建てられた興福寺、藤原氏の氏神を祀った春日大社などが構成資産。

- 554 春日大社 ▶ 291
- 551 興福寺 ▶ 290

13 紀伊山地の霊場と参詣道

和歌山県　奈良県　三重県　文化遺産 [2004年]

紀伊半島にある紀伊山地は標高1500m前後の山が連なる険しい地形。6世紀の仏教伝来以降、真言密教を始めとする山岳修行の場となり吉野・大峰、熊野三山、高野山の3つの霊場とそれらを結ぶ参詣道が形成された。

- 552 三重塔と那智の滝 ▶ 290
- 628 吉野山の桜 ▶ 324
- 647 熊野古道 ▶ 330

14 百舌鳥・古市古墳群

大阪府　文化遺産 [2019年]

古墳時代の最盛期（4世紀後半〜5世紀後半）には全国で巨大古墳が造営された。百舌鳥・古市古墳群は、大阪湾に接する堺市、羽曳野市、藤井寺市にある49基の古墳群からなる。

- 596 百舌鳥古墳群 ▶ 308

15 姫路城

兵庫県　文化遺産 [1993年]

白壁とシラサギが羽を広げたような美しい外観から「白鷺城」と呼ばれる。外壁を漆喰で仕上げた白漆喰総塗籠造は、防火、防弾にもすぐれていた。大天守は1609（慶長14）年の建築。

- 592 姫路城 ▶ 306

16 石見銀山遺跡とその文化的景観
いわみ

文化遺産［2007年］

16世紀に開発された石見銀山。鉛から銀を抽出する灰吹法の技術により産出量を増やし、東西交易の要となった。銀山跡と鉱山町、積み出しの港と港町、これらをつなぐ街道が構成遺産になっている。

709 石見銀山 ▶ 359

17 原爆ドーム
げんばく

広島県 文化遺産［1996年］

1915年に建築され、1945年の原爆投下によりドーム中心部のみを残して破壊された。のちに広島平和記念公園として整備され、世界平和と核兵器の廃絶を願うシンボルとして世界遺産に登録された。

708 原爆ドーム ▶ 358

18 厳島神社
いつくしまじんじゃ

広島県 文化遺産［1996年］

瀬戸内海に浮かぶ宮島にある社殿と、海の中に浮かぶ鳥居、背景の弥山とともに世界遺産に登録。最初の建物は平清盛により12世紀に造営。平安時代の回廊が特徴的な様式をいまに伝える。

671 厳島神社 ▶ 342

19 「神宿る島」宗像・沖ノ島と関連遺産群
むなかた　おき　しま

福岡県 文化遺産［2017年］

神聖な島を崇拝する古代からの文化で、4～9世紀にかけて航海安全を願い祭祀が行われてきた跡が残る。沖ノ島には祭祀の遺跡と古代有力氏族の古墳群が保存されている。

20 明治日本の産業革命遺産 製鉄・製鋼、造船、石炭産業

山口県　福岡県　佐賀県　文化遺産［2015年］
長崎県　熊本県　鹿児島県　岩手県　静岡県

8県11市、23カ所にわたる構成資産からなる世界遺産。明治期に西洋の技術を取り入れ、現在の基幹産業のもとを作りあげた炭坑、造船所、製鉄所、反射炉などさまざまな遺構がある。

511 韮山反射炉 ▶ 266
705 萩の町並み ▶ 357　851 軍艦島 ▶ 424
853 三池炭鉱関連遺産 ▶ 426　856 グラバー園 ▶ 427

21 長崎と天草地方の潜伏キリシタン関連遺産
あまくさ

長崎県　熊本県 文化遺産［2018年］

キリスト教は16世紀に伝わり、19世紀に解禁されるまで長くにわたり弾圧を受けた。禁教政策の下で密かに信仰を続けた人々のキリシタン集落を中心に、12の構成資産からなる。

859 大浦天主堂 ▶ 428
860 﨑津教会堂 ▶ 429
861 頭ヶ島天主堂 ▶ 429
863 野崎島・旧野首教会 ▶ 429

22 屋久島
やくしま

鹿児島県 自然遺産［1993年］

鹿児島の沖あい約60kmの南の海にありながら、中央に1936mの宮之浦岳がそびえる。雨が多く湿度の高い気候などから樹齢1000年以上の杉が生育する独特な環境をもち、顕著な植物の垂直分布が見られる。

834 白谷雲水峡 ▶ 417
835 屋久島の縄文杉 ▶ 418
915 千尋の滝 ▶ 453

23 琉球王国のグスク及び関連遺産群
りゅうきゅう

沖縄県 文化遺産［2000年］

琉球王朝は東南アジア諸国との交易で栄え、壮大なグスクは当時の繁栄を物語る。ほか御嶽（うたき）と呼ばれる拝所や庭園など当時の合わせて9つの資産で構成される。

981 勝連城跡 ▶ 482
980 首里城公園 ▶ 482
997 斎場御嶽 ▶ 492

日本のいろいろな100選

本誌掲載の物件で、日本の100選に選定されているものをピックアップ。
日本にはほかにもいろいろな100選がある。

●日本の棚田百選

169	椹平の棚田	山形県	111
224	大山千枚田	千葉県	139
341	姨捨の棚田	長野県	189
432	白米千枚田	石川県	232
578	明日香村の棚田	奈良県	301
579	長谷の棚田	大阪府	301
580	あらぎ島の棚田	和歌山県	301
581	下赤阪の棚田	大阪府	301
720	大垪和西の棚田	岡山県	364
721	東後畑棚田	山口県	364
810	泉谷の棚田	愛媛県	402
904	浜野浦の棚田	佐賀県	448
905	大浦の棚田	佐賀県	449
906	土谷棚田	長崎県	449

●日本の滝百選 (1990年認定)

120	秋保大滝	宮城県	87
284	袋田の滝	茨城県	165
378	米子大瀑布	長野県	205
379	七ツ釜五段の滝(西沢渓谷)	山梨県	205
380	苗名滝	新潟県	205
408	姥ヶ滝	石川県	222
486	白糸ノ滝	静岡県	257
552	三重塔と那智の滝	和歌山県	290
768	轟の滝	高知県	388
832	高千穂峡(真名井の滝)	宮崎県	416
914	原尻の滝	大分県	452
919	見帰りの滝	佐賀県	455

●日本さくら名所100選 (1990年認定)

136	弘前公園	青森県	97
131	鶴ヶ城公園	福島県	93
199	井の頭恩賜公園	東京都	129
218	新宿御苑	東京都	136
276	小田原城	神奈川県	163
268	赤城南面千本桜	群馬県	159
364	高遠城址公園	長野県	199
588	大阪城天守閣	大阪府	304
592	姫路城	兵庫県	306
628	吉野山の桜	奈良県	324

●日本100名城

131	鶴ヶ城公園(会津若松城)	福島県	93
134	霞城公園(山形城跡)	山形県	96
276	小田原城	神奈川県	163
374	松本城	長野県	204
376	新発田城	新潟県	204
442	丸岡城	福井県	235
444	金沢城公園	石川県	235
525	名古屋城	愛知県	271
526	岩村城跡	岐阜県	271
527	国宝犬山城	愛知県	271
540	岐阜城跡	岐阜県	276
588	大阪城天守閣	大阪府	304
591	竹田城跡	兵庫県	306
592	姫路城	兵庫県	306
593	彦根城	滋賀県	307
594	安土城跡	滋賀県	307
712	備中松山城	岡山県	360
713	鬼ノ城(鬼城山)	岡山県	360
715	松江城	島根県	361
716	鳥取城跡	鳥取県	361
717	岡山城	岡山県	361
788	丸亀城	香川県	394
789	今治城	愛媛県	395
790	松山城	愛媛県	395
791	高知城	高知県	395
941	島原城	長崎県	463
957	吉野ヶ里歴史公園	佐賀県	471
980	首里城公園	沖縄県	482

●日本の夕陽百選

77	十和田湖	青森県	72
316	九十九里浜	千葉県	177
340	尖閣湾	新潟県	189
410	東尋坊	福井県	224
501	堂ヶ島 天窓洞	静岡県	262
576	梅田スカイビル	大阪府	300
610	円月島	和歌山県	315
681	鳥取砂丘	鳥取県	348
708	原爆ドーム	広島県	358
727	瀬戸大橋	岡山県・香川県	366
809	ダルマ夕日	高知県	402
818	父母ヶ浜	香川県	405
825	銭形砂絵	香川県	406
865	真玉海岸の夕陽	大分県	432
870	御興来海岸	熊本県	434
871	桜井二見ケ浦	福岡県	434

※物件名は本誌内に準ずる

［50音順］ INDEX

［都道府県別］INDEX

北海道

1	ファーム富田	中富良野町	26
2	四季彩の丘	美瑛町	28
3	ひがしもこと芝桜公園	大空町	28
4	六花の森	中札内村	28
5	国営滝野すずらん丘陵公園	札幌市	29
6	北竜町ひまわりの里	北竜町	30
7	ラベンダーイースト	上富良野町	31
8	上野ファーム	旭川市	31
9	フラワーランドかみふらの	上富良野町	31
10	星野リゾート　トマム　雲海テラス	占冠村	32
11	美瑛の丘風景	美瑛市	34
12	メルヘンの丘	大空町	35
13	宗谷丘陵	稚内市	35
14	さっぽろ羊ヶ丘展望台	札幌市	35
15	もいわ山山頂展望台	札幌市	36
16	美幌峠	美幌町	36
17	函館山夜景	函館市	37
18	神の子池	清里町	38
19	支笏湖	千歳市	38
20	糠平湖	上士幌町	39
21	大沼国定公園	七飯町	39
22	オンネトー	足寄町	39
23	然別湖	鹿追町	39
24	摩周湖	弟子屈町	39
25	知床五湖	斜里町	40
26	知床半島とシャチ	羅臼町	42
27	神威岬（積丹半島）	積丹町	42
28	定山渓の紅葉	札幌市	43
29	ふきだし湧水	京極町	43
30	登別温泉地獄谷	登別市	43
31	北大イチョウ並木	札幌市	43
32	釧路湿原	釧路市ほか	44
33	昭和新山	壮瞥町	45
34	利尻山	利尻島	45
35	きじひき高原	北斗市	45
36	雨竜沼湿原	雨竜町	45
37	羊蹄山	ニセコ	46
38	新嵐山スカイパーク展望台	芽室町	46
39	モエレ沼公園	札幌市	48
40	小樽運河	小樽市	48
41	赤レンガ倉庫群	函館市	48
42	テレビ塔と大通公園	札幌市	49
43	博物館網走監獄	網走市	49
44	函館ハリストス正教会	函館市	49
45	オホーツク海の流氷	紋別・網走ほか	50
46	ジュエリーアイス	豊頃町	50
47	しかりべつ湖コタン	鹿追町	52
48	千歳・支笏湖氷濤まつり	千歳市	52
49	星野リゾート　トマム　アイスヴィレッジ	占冠村	52
50	さっぽろ雪まつり	札幌市	53
51	白金 青い池	美瑛町	54
52	天に続く道	斜里町	56
53	清水町営育成牧場	清水町	57
54	音更の白樺並木	音更町	57
55	頭大仏（真駒内滝野霊園）	札幌市	58
56	平岡樹芸センター	札幌市	58
57	札幌市円山動物園	札幌市	58
58	ばんえい十勝	帯広市	58
59	登別マリンパークニクス	登別市	58
60	カニ		59
61	三平汁		59
62	ウニ・イクラ丼		59
63	味噌ラーメン		59
64	ジンギスカン		59
65	旭岳	東川町	60

青森県

76	青森ねぶた祭	青森市	66
77	十和田湖	十和田市	72
78	恐山の宇曽利湖	むつ市	72
79	蔦の七沼	十和田市	74
82	睡蓮沼	十和田市	74
94	奥入瀬渓流	十和田市	77
96	仏ヶ浦	佐井村	80
101	種差天然芝生地	八戸市	80
105	日本キャニオン	深浦町	82
111	酸ヶ湯温泉地獄沼	青森市	85
112	蕪島のウミネコ	八戸市	85
114	八甲田山	青森市	85
119	銚子大滝	十和田市	87
126	高山稲荷神社	つがる市	91
136	弘前公園	弘前市	97
137	横浜町の菜の花畑	横浜町	98
140	ベンセ湿原のニッコウキスゲ	つがる市	99
144	鶴の舞橋	鶴田町	103
155	三内丸山遺跡	青森市	105
159	盛美園	平川市	107
164	旧弘前市立図書館	弘前市	107
167	十和田市現代美術館	十和田市	114
187	大間のマグロ		117

岩手県

74	盛岡さんさ踊り	盛岡市	71
75	チャグチャグ馬コ	滝沢市・盛岡市	71
89	厳美渓	一関市	76
92	猊鼻渓	一関市	77
95	穴通磯	大船渡市	80
102	浄土ヶ浜	宮古市	81
108	龍泉洞	岩泉町	83
121	中尊寺金色堂	平泉町	88
124	毛越寺の浄土庭園	平泉町	91
138	石割桜	盛岡市	97
157	岩手銀行赤レンガ館	盛岡市	106
170	岩手山	八幡平市・滝沢市・雫石町	111
172	宮澤賢治童話村	花巻市	115
178	歴史公園えさし藤原の郷	奥州市	115
183	報恩寺の五百羅漢	盛岡市	116
184	冷麺		117

宮城県

68	仙台七夕まつり	仙台市	69
84	伊豆沼	栗原市・登米市	75
85	潟沼	大崎市	75
99	材木岩	白石市	81
100	巨釜・半造	気仙沼市	81
104	御釜	蔵王町・川崎町	82
116	秋保大滝	仙台市	87
122	鹽竈神社	塩竈市	90
123	仙台東照宮	仙台市	90
127	瑞鳳殿	仙台市	92
130	白石城	白石市	93
133	白石川堤一目千本桜	大河原町	96
142	徳仙丈山のツツジ	気仙沼市	99
143	国営みちのく杜の湖畔公園	川崎町	99
144	ひまわりの丘	大崎市	99
150	鳴子峡と大深沢橋	大崎市	103
166	栗駒山	栗原市	110
167	松島	松島町	110
173	鳴子ダム	大崎市	114
175	蔵王エコーラインの雪の回廊	蔵王町	115
179	石ノ森萬画館	石巻市	116
185	はらこ飯		117

秋田県

67	秋田竿燈まつり	秋田市	68
69	大曲の花火大会	大仙市	69
70	能代七夕「天空の不夜城」	能代市	70
71	横手の雪まつり	横手市	70
72	角館祭りのやま行事	仙北市	71
73	西馬音内盆踊り	羽後町	71
75	なまはげ柴灯まつり	男鹿市	71
80	田沢湖	仙北市	74
86	玉川温泉	仙北市	75
88	後生掛温泉	鹿角市	75
91	小安峡	湯沢市	77
93	抱返り渓谷	仙北市	77
98	ゴジラ岩	男鹿市	81
107	川原毛地獄	湯沢市	85
116	元滝伏流水	にかほ市	86
118	小又峡の三階滝	北秋田市	87
124	赤神神社五社堂	男鹿市	91
138	桧木内川堤のソメイヨシノ	仙北市	96
139	刺巻湿原ミズバショウ群生地	仙北市	98
141	八津・鎌足のカタクリの群生地	仙北市	98
149	角館武家屋敷	仙北市	102
153	八郎潟防潮水門	大潟村	104
154	尾去沢鉱山	鹿角市	107
160	赤れんが郷土館	秋田市	107
161	秋田県立美術館	秋田市	107
171	大沼	鹿角市	111
188	はたはた飯寿司		117
	八幡平のドラゴンアイ	仙北市	112
189	きりたんぽ鍋		117

山形県

87	蔵王温泉大露天風呂	山形市	75
95	蔵王樹氷	山形市	78
109	幻想の森	戸沢村	84
113	牛渡川	遊佐町	85
117	玉簾の滝	酒田市	87
128	立石寺（山寺）	山形市	88
134	霞城公園（山形城跡）	山形市	96
146	銀山温泉	尾花沢市	102
148	酒田の町並み（山居倉庫）	酒田市	102
162	旧鶴岡警察署庁舎	鶴岡市	107
165	月山弥陀ヶ原	鶴岡市	108
168	楯山公園からの最上川	大江町	110
169	椹平の棚田	朝日村	110
176	加茂水族館	鶴岡市	115
181	十六羅漢岩	遊佐町	116
182	佐野原五百羅漢園	白鷹町	116

505

PHOTO CREDITS

●カバー：PIXTA

PIXTA
Shutterstock
photolibrary
グルーポ ピコ
朝日新聞社

●その他写真協力

8上野ファーム／10・49星野リゾート トマム／26知床ネイチャークルーズ／39モエレ沼公園／59登別マリンパークニクス／066 2017年ねぶた大賞 あおもり市民ねぶた実行委員会「紅葉狩」作：北村麻子／108岩手・岩泉町龍泉洞事務所／121中尊寺／127瑞鳳殿／152鶴田町／161秋田県立美術館／174十和田市現代美術館／177宮澤賢治童話村／179石ノ森萬画館／182佐野原五百羅漢園／186やまがたへの旅／191チームラボボーダーレス／193サンシャイン水族館／197株式会社ニキシモ／198彫刻の森美術館／206鉄道博物館／237・244・297浅草寺／241・294鶴岡八幡宮／324観光いばらきフォトライブラリー／328まるごとeちば／380・390・392にいがた観光ナビ／383 SORA terrace／409・456とやま観光ナビ／412・451・457石川旅ネット／420・430・431・442・455・459ふくいドットコム／439金沢21世紀美術館／440富山市ガラス美術館／448のとじま水族館／513みんなの森メディアコスモス／514Akitsugu Kojima／519鳥羽市立海の博物館／548平等院／558比叡山延暦寺／564名勝旧大乗院庭園／620・622・644エディットプラス／621建仁寺蔵／京都国立博物館寄託／623妙心寺／626国立国際美術館／653アドベンチャーワールド／687・749おいでませ山口写真協会／704琴浦町観光協会／718・754・759岡山県観光連盟／734萩市観光協会／740・747・755鳥取県／741足立美術館／744耕三寺博物館／752島根県立しまね海洋館アクアス／756ひろしま観光ナビ／762・827いよ観ネット／763・781うどん県ネット／774・783・796・805・813阿波ナビ／776・809・828よさこいネット／778上勝町／816モネの庭「マルモッタン」／817大塚国際美術館／836沖永良部島ケイビング協会／884唐津観光協会／938鹿児島観光連盟／956阿蘇ファームランド／958ハウステンボス／960サンメッセ日南／993・999オキナワ観光コンベンションビューロー／994沖縄美ら海水族館

（エリアガイド）
青森県観光情報サイト／福井観光連盟／大阪錫器株式会社／とくしまフォトライブラリー／香川県観光協会／沖縄県伝統産業協働センター

STAFF

編集制作	有限会社グルーポ　ピコ （今福直子／武居台三／今泉なな）
執筆	今福直子 武居台三 山崎佳奈子 深谷美和 五十嵐英之 志村月乃
表紙デザイン	矢部あずさ（bitter design）
本文デザイン	bitter design
組版・印刷	大日本印刷株式会社
企画・編集	白方美樹（朝日新聞出版　生活・文化編集部）

今、行きたい！
日本の絶景大事典1000

2019年10月30日　第1刷発行
2022年6月30日　第7刷発行

編　著	朝日新聞出版
発行者	片桐圭子
発行所	朝日新聞出版 〒104-8011　東京都中央区築地5-3-2 電話　（03）5541-8996（編集） 　　　（03）5540-7793（販売）
印刷所	大日本印刷株式会社